BLESSURES DE GUERRE

Gilbert Lavoie

BLESSURES
DE GUERRE

Des camps nazis
à l'Afghanistan

SEPTENTRION

Pour effectuer une recherche libre par mot-clé à l'intérieur de cet ouvrage, rendez-vous sur notre site Internet au www.septentrion.qc.ca

Les éditions du Septentrion remercient le Conseil des Arts du Canada et la Société de développement des entreprises culturelles du Québec (SODEC) pour le soutien accordé à leur programme d'édition, ainsi que le gouvernement du Québec pour son Programme de crédit d'impôt pour l'édition de livres. Nous reconnaissons également l'aide financière du gouvernement du Canada par l'entremise du Programme d'aide au développement de l'industrie de l'édition (PADIÉ) pour nos activités d'édition.

Révision : Solange Deschênes
Correction d'épreuves : Marie-Michèle Rheault
Mise en pages et maquette de couverture : Pierre-Louis Cauchon
Photographie de la couverture : Pierre-André Normandin, *Le Soleil*
Photographie de la 4e de couverture : Érick Labbé, *Le Soleil*

Si vous désirez être tenu au courant des publications
des ÉDITIONS DU SEPTENTRION
vous pouvez nous écrire par courrier,
par courriel à sept@septentrion.qc.ca,
par télécopieur au 418 527-4978
ou consulter notre catalogue sur Internet :
www.septentrion.qc.ca

ASSOCIATION NATIONALE DES ÉDITEURS DE LIVRES

Membre de l'Association nationale des éditeurs de livres

À la mémoire de tous ceux et celles qui ont payé de leur vie le prix de notre liberté.

Remerciements

JEUNE JOURNALISTE, je me demandais parfois, à l'occasion du jour du Souvenir, pourquoi on attachait une telle importance à cet événement. Au contact de Gilles Lamontagne et de nos militaires qui ont vécu la Bosnie ou l'Afghanistan, j'ai mieux compris les sacrifices demandés à ces hommes et à ces femmes ainsi qu'à leurs familles. Ils méritent tous que l'on se souvienne…

Mes premiers remerciements vont tout d'abord à M. Lamontagne, qui a rompu le silence entourant sa guerre (1939-1945) pour nous sensibiliser aux difficultés de nos militaires contemporains lorsqu'ils rentrent de mission. Merci également à tous ceux et celles qui ont contribué au livre par leurs témoignages ou leur aide et dont il m'est impossible de faire l'énumération sans en oublier.

La préparation et la publication de ce livre n'auraient pas été possibles sans la collaboration de mes collègues et amis du *Soleil*, dont les photographes

Érick Labbé et Steve Deschênes, et sans le soutien de l'éditeur, le Septentrion. Je termine avec un merci spécial à mon camarade Pierre-André Normandin qui est allé en Afghanistan à plusieurs reprises, et dont les photos illustrent plusieurs pages de ce livre.

Préface

À MOINS D'AVOIR UN PARENT OU UN AMI dans les Forces armées, il est difficile de connaître les difficultés liées à nos missions à l'étranger et les sacrifices demandés à ces gens ainsi qu'à leur famille. On oublie vite. On oublie la Bosnie, on oublie le Rwanda, tout comme on risque d'oublier l'Afghanistan. Dans les coulisses de ces missions, se cachent parfois des drames humains qui commandent notre intérêt et notre implication. Notre connaissance des blessures de guerre a fait des pas de géants depuis 13 ans, mais ce ne sera jamais suffisant. S'il est un message à retenir de cet ouvrage, c'est que la vigilance doit être au rendez-vous, tout particulièrement pour une nouvelle génération d'anciens combattants qui vivent parfois une grande solitude. Les services sont de plus en plus disponibles. Assurons-nous qu'ils atteignent tous ceux et celles qui en ont besoin.

ÉLIZABETH DALLAIRE
Ambassadrice du Centre de la famille Valcartier

COMBIEN DE FOIS me suis-je laissé dire : « Mon mari n'est plus le même depuis qu'il est revenu... »

Derrière chaque déploiement de nos militaires à l'étranger, il y a des enfants qui se languissent de leurs parents et qui comptent le nombre de jours ; des conjointes qui vivent dans la solitude de leurs bien-aimés ; des parents partagés entre la fierté et l'angoisse. De retour à la maison, les familles sont essentielles à la réintégration du soldat à la vie normale. Mais les blessures physiques et psychologiques liées à la guerre relatées dans cet ouvrage font en sorte que beaucoup de familles de militaires ont parfois de la difficulté à se « retrouver ».

On ne parle pas beaucoup des conjointes des militaires, mais elles sont là, debout et fières. C'est la raison pour laquelle je me suis engagée auprès de ces familles, il y a plusieurs années, afin que leur rôle dans la vitalité des Forces canadiennes soit mieux reconnu et appuyé.

LUCIE PÉPIN
Sénatrice

Les éclopés de la guerre

C E LIVRE AURAIT PU ÊTRE UN ROMAN. Pour ma génération, qui a eu la chance de ne pas subir la guerre, les conflits armés se résument à ce que l'on voit au cinéma ou à ce qu'on a lu dans les livres d'histoire.

Nous ne connaissions pas la guerre, jusqu'à tout récemment. Celle qui assassine nos militaires en Afghanistan, qui charcute les corps d'une jeunesse dans la vingtaine ou la jeune trentaine, qui fait des milliers de victimes chez les civils.

Nous ne connaissions pas la guerre, jusqu'à ce que nos militaires reviennent à la maison. Jusqu'à ce qu'elle vienne hanter leurs nuits de ses cauchemars et emprisonner leur quotidien dans des traumatismes complexes que la médecine cherche encore à comprendre et à prévenir. Des traumatismes dans l'âme, qui poursuivront certains d'entre eux jusqu'à la fin de leurs jours.

Ce livre aurait pu être un roman, tellement son histoire est saisissante. Mais ce n'est rien de plus que la réalité, rien de plus qu'un long reportage sur des histoires vraies. Il débute à bord d'un bombardier léger au-dessus de la Hollande en mars 1943. Il nous transporte ensuite dans l'enfer des camps nazis et termine son chemin en 2010, à Québec et dans les camps militaires comme celui de Valcartier.

Le héros a survécu, mais à 91 ans les blessures à l'âme sont encore là. Comme bien des militaires, Gilles Lamontagne a gardé le silence toute sa vie. «Tu ne peux pas comprendre…» m'a-t-il expliqué au printemps 2009, quand je lui ai demandé pour la troisième année consécutive pourquoi il refusait de raconter son histoire. «Tu ne peux pas comprendre ce que c'est que d'être sale tous les jours, que d'avoir faim tous les jours, et de ne pas savoir si tu seras vivant le lendemain.»

C'est pour les combattants de Bosnie et d'Afghanistan qu'il a finalement accepté de témoigner, pour nous aider à comprendre ce monde tortueux et douloureux du syndrome de stress post-traumatique.

Ce livre n'a pas de prétentions scientifiques pas plus qu'il ne fait le tour de la question. Il n'a qu'un seul objectif : faire connaître le prix énorme payé par nos militaires et leurs familles pour assumer les missions que nous leur confions à l'étranger. En espérant que cette compréhension modifiera nos comportements envers ceux et celles chez qui ces missions ont laissé des séquelles physiques ou psychologiques douloureuses et parfois inquiétantes pour la société. Et surtout, en espérant que nos politiciens, qui font l'éloge de ces militaires chaque fois qu'il y a un décès, accorderont la même attention aux besoins des survivants.

GILBERT LAVOIE

Promu capitaine ou *flight lieutenant* le 10 mars 1943, Gilles
Lamontagne ne se doutait pas que sa mission de bombardement du
12 mars serait la dernière. Après avoir sauté du bombardier en
flammes, au-dessus de la Hollande, il a été capturé par les Allemands.
Collection Gilles Lamontagne.

CHAPITRE I

Vol de nuit

V ENDREDI LE 12 MARS 1943. Il fait nuit. À 24 ans, le capitaine Gilles Lamontagne revient de sa dixième mission de bombardement contre des cibles allemandes sur le continent européen. Lamontagne est un pilote de chasse, mais c'est aux commandes d'un bombardier léger, le *Vickers Wellington*, qu'il survole le territoire des Pays-Bas, occupé par les forces du IIIe Reich. Il a été étonné lorsqu'on l'a assigné à ce poste. Il n'a eu que deux semaines pour apprivoiser les commandes de son appareil. Mais on ne discute pas les ordres dans l'armée, et encore moins pendant la guerre.

Lamontagne connaît les risques du métier : un bombardier sur trois ne revient pas de sa mission. Mais il ne se doute pas que ce dixième vol sera le dernier. Il ne peut savoir que cette journée le plongera dans l'enfer des camps nazis et fera de lui une victime de ce qu'on appelle aujourd'hui le syndrome de stress post-traumatique.

L'escadrille 425 Alouettes

Basé à Dishforth, dans le Yorkshire en Grande-Bretagne, Gilles Lamontagne compte parmi les premiers pilotes aux commandes d'un bombardier *Wellington*. Il est membre de l'escadrille 425 Alouettes, un escadron de bombardement formé afin de regrouper les premiers aviateurs canadiens-français au sein d'une même unité. Il est sous les ordres du Royal Canadian Air Force Bomber Command qui se fera connaître en détruisant une partie importante du complexe militaro-industriel allemand pendant la Deuxième Guerre mondiale.

Au cours de ce conflit, les Alouettes vont mener 287 raids contre les forces ennemies, 24 missions de largages de mines en mer et onze opérations de lancement de tracts sur les territoires occupés. Les pertes seront énormes : à elle seule, l'escadrille 425 perdra 250 hommes. Le Bomber Command comptera au total plus de 89 000 hommes d'équipage pendant toute la durée de la guerre. Près de 49 000 ne reviendront pas…

★ ★ ★

Le *Vickers Wellington* est un bon avion. Conçu dans les années 1930 et affectueusement surnommé « Wimpy » (petite mauviette), d'après le personnage de Popeye de J. Wellington Wimpy, le bimoteur est particulièrement robuste. Son fuselage, disposé en treillis, lui permet de survivre à des

Formé pour piloter un chasseur, Gilles Lamontagne était basé en sol britannique et faisait partie de l'escadrille 425 Alouettes, un escadron de bombardement créé spécialement pour regrouper les premiers aviateurs canadiens-français. Collection Gilles Lamontagne.

Le *Vickers Wellington* était surnommé « Wimpy » (petite mauviette), d'après le personnage de Popeye de J. Wellington Wimpy. Collection Gilles Lamontagne.

avaries qui condamneraient beaucoup d'autres appareils. Il est équipé de mitrailleuses manuelles dans les tourelles avant et arrière. Mais il est lent et limité en altitude.

Certains appareils sont plus fiables que d'autres. Chaque mission est précédée d'un vol d'essai et Lamontagne insiste toujours pour que les préposés au sol l'y accompagnent, question de les motiver et de s'assurer que tout a été bien vérifié.

Les débuts de l'escadrille sont très modestes : une vingtaine d'avions pour une centaine d'hommes répartis dans des équipages de cinq par appareil. Les pistes ne sont même pas pavées. Les pilotes doivent

Le fuselage du *Vickers Wellington*, disposé en treillis, lui permettait de survivre à des avaries qui auraient condamné beaucoup d'autres appareils. Collection Gilles Lamontagne.

décoller sur un terrain ordinaire d'où les appareils peinent à prendre l'air à temps pour éviter le remblai d'une autoroute voisine.

Une fois en altitude, c'est la navigation qui pose problème. Les missions se font de nuit et le navigateur doit guider l'appareil à partir de repères au sol quand la clarté est suffisante, et à l'aide de relèvements au radiogoniomètre et des lignes de position à l'astrocompas. On se guide même parfois sur les étoiles…

* * *

Le couloir de la mort

Quatre hommes complètent l'équipage du capitaine Lamontagne en cette nuit fatidique du 12 mars. Vince Gauthier, originaire de l'Île-du-Prince-Édouard, occupe le poste de bombardier. Le sergent Rolly Goulet opère le télégraphe sans fil (T.S.F.), Johnny Aumond est le mitrailleur arrière et Bud Brown est le navigateur.

L'équipage ne craint pas les tirs de l'artillerie allemande parce qu'elle n'a pas la puissance nécessaire pour les atteindre à leur altitude. Mais c'est sans compter les redoutables Messerschmitt de l'aviation allemande.

Sans la protection de chasseurs amis, Lamontagne et ses co-équipiers sont vulnérables. Leur avion a déjà survécu à l'attaque d'un chasseur lors d'une mission précédente. Ils n'auront pas la même chance cette fois-ci.

★ ★ ★

Leur mission les a menés au-dessus d'Essen[1] dans la vallée de la Ruhr. Après avoir largué leurs bombes,

---

1. Le raid du 12 mars 1943 sur Essen compte parmi les offensives les plus importantes menées par l'aviation pendant la Deuxième Guerre mondiale. En tout, 113 appareils comptant 383 hommes y ont participé, faisant tomber 495,2 tonnes de bombes sur ce complexe militaro-industriel des forces allemandes. Une imposante défense antiaérienne attendait les pilotes et leurs équipages. Vingt-trois appareils ont été perdus pendant l'attaque. La prin-

ils ont pris le chemin du retour au-dessus des lignes ennemies afin d'économiser suffisamment de carburant pour revenir à leur point de départ, en sol britannique. C'est un trajet périlleux. Les pilotes l'appellent « le couloir de la mort ». Comme tous les bombardiers l'utilisent au retour, les Allemands savent où les attendre.

Généralement, les avions décollent de la base à la brunante et reviennent dans la nuit. C'est une mission de cinq à six heures quand tout va bien.

Il fait pleine lune en cette nuit du 12 mars 1943. Gilles Lamontagne voit l'ombre de son avion au sol tellement la nuit est claire. Il sait qu'il est une cible très facile pour les chasseurs qui patrouillent le ciel, mais il a l'habitude du risque.

Le premier assaut d'un chasseur allemand est brutal : il a raison du mitrailleur arrière, un élément essentiel à la défense d'un bombardier. Le chasseur allemand est arrivé sous l'avion, sans même avoir été aperçu. Un incendie se déclare dans la cabine de pilotage et dans le poste de visée. Vince Gauthier se

---

cipale cible des alliés était la fonderie Krupp qui occupait 16 000 ouvriers. Les dommages infligés à la Krupp ont été les plus importants de tous ceux qui ont été causés par les raids de la RAF contre des installations indispensables à l'effort de guerre allemand. Des dégâts considérables ont été également causés aux voies de chemin de fer et de garage dans le nord de la ville, paralysant temporairement les communications terrestres. Centre Juno Beach, *Le Canada et la Deuxième Guerre mondiale* (extrait de Bomber command. Secret narrative, mars 1943).

pointe à l'avant pour s'assurer que le pilote n'a pas été blessé et parvient à éteindre le feu.

Le chasseur récidive et provoque un nouvel incendie au milieu de l'appareil. Vince vide un extincteur sur les flammes. Peine perdue. En désespoir de cause, il réussit à éteindre l'incendie avec ses mains, mais le fuselage est en feu.

La situation est critique. L'interphone est hors d'usage et les membres de l'équipage doivent se crier les instructions. Personne ne panique. La poussée d'adrénaline et la formation reçue pour ce genre de situation dictent la ligne de conduite : il faut d'abord faire plonger l'appareil pour éteindre les flammes. Si l'avion est trop sérieusement touché, il faut faire sortir l'équipage et détruire le matériel secret. Personne n'a le temps d'avoir peur, mais tout le monde a en tête le danger qui les guette : si le feu atteint les réservoirs, ce sera l'explosion.

Le coup de grâce

La troisième attaque donne le coup de grâce : Brown, Goulet et Aumond sont blessés et le feu a éclaté à l'intérieur de la carlingue pour la troisième fois. La toile du fuselage est couverte d'enduit et d'huile et brûle comme une torche. Les volets ne répondent plus. Lamontagne sait que le moment est venu de donner l'ordre de sauter. La trappe de sortie, située dans le nez de l'appareil, est coincée. Bud Brown parvient à l'ouvrir à coups de hache d'incendie.

Johnny Aumond saute de sa tourelle arrière. Goulet est gravement blessé. Ses collègues doivent installer son parachute et le pousser hors de l'avion. Brown a à peine le temps de tirer la poignée de commande de son parachute avant de franchir la trappe de sortie. Les autres suivent. Lamontagne saute à son tour et se retrouve soudainement en chute libre. La peur l'assaille pour la première fois : il n'a jamais sauté de toute sa vie. Est-ce que le parachute va s'ouvrir ? Après quelques secondes d'angoisse, il se déploie. Quelques minutes plus tard, le bombardier explose dans une gerbe de feu en touchant le sol.

Tout comme le capitaine d'un navire, Lamontagne a été le dernier à abandonner son avion en flammes. Pendant de nombreuses années, ce souvenir viendra hanter ses nuits et troubler son sommeil. « Dans mes cauchemars, j'étais seul dans l'avion en feu et c'était à mon tour de sauter, relate-t-il aujourd'hui. Est-ce que je saute ou pas ? Et souvent je ne saute pas... »

Lorsqu'il se pose au sol, Lamontagne fait ce qu'on lui a enseigné. Il enterre son parachute pour cacher les indices de son arrivée et trouve refuge dans une grange. Lorsque l'enfant du fermier hollandais arrive sur les lieux pour nourrir les animaux, le matin, il prend peur et avertit son père qui se pointe avec un fusil de chasse entre les mains.

Lamontagne parvient à leur faire comprendre qu'il a faim. On lui sert un repas, mais sans lui dire qu'on a aussi prévenu les Allemands. C'est le début d'un long calvaire.

Il est d'abord conduit dans un camp de transit, Dulag Luft 1, où il est interrogé pendant quelques jours. Il prend ensuite le chemin des camps de concentration.

CHAPITRE 2

Dans l'enfer des camps nazis

« Tu ne peux pas comprendre »

LES MILITAIRES TRAUMATISÉS par la guerre refusent souvent de parler de leur expérience. Il a fallu des années à Gilles Lamontagne pour se libérer de son mutisme. «Ce qu'on déteste, c'est de se faire demander comment c'était, comment on se sentait. On ne veut pas entendre ça. La raison, c'est que les gens qui reviennent ont devant eux quelqu'un qui ne peut pas comprendre.»

L'ancien pilote de guerre a été tout aussi discret avec sa famille, même avec ses enfants. «Ça m'a pris beaucoup de temps avant d'en parler. Même lorsqu'ils sont devenus plus grands, je ne suis jamais entré dans les détails par crainte qu'eux aussi soient traumatisés par ça.»

Et puis il y a la fierté: «J'ai toujours eu horreur de la pitié à mon endroit. J'ai été privilégié; j'ai eu une vie extraordinaire. Mais quand je pense à tous ceux qui sont encore dans les maisons pour anciens combattants… ils ne parlent pas, ils ne veulent pas parler. C'est très dur pour ces gens-là.»

Même aujourd'hui, Gilles Lamontagne éprouve de la difficulté à ressasser ces vieux souvenirs. « Si je m'écoutais, je dirais que j'aime autant ne pas en parler. Mais je vais le faire, parce que je trouve que ça peut rendre service à d'autres. Parce qu'autrement, se rappeler tous ces moments-là, ce n'est pas très drôle lorsqu'on a réussi à les contrôler… C'est comme une deuxième période. Tu as réussi à passer par-dessus la première période, mais tu n'es pas certain de passer à travers la deuxième. »

La faim, 24 heures par jour

C'est donc par bribes que Gilles Lamontagne raconte la faim, la saleté, le désœuvrement et la peur qui étaient le lot quotidien de ces camps de prisonniers.

« Je vais dire deux choses concernant les camps de concentration. Peux-tu imaginer que tu as faim 24 heures par jour ? Tu ne peux pas imaginer ça et tu ne peux pas imaginer la promiscuité d'un camp de concentration. »

Lorsqu'il se trouvait dans un camp dirigé par l'aviation allemande, il était mieux traité. Il y avait une forme de respect mutuel entre aviateurs. Mais, dans les camps nazis, c'était très dur, à commencer par la faim. « On mangeait une fois par jour, un gros baril avec de la soupe et quelques morceaux de viande. Et parfois des patates à moitié pourries. On faisait cuire ça. On se faisait des petits poêles avec des boîtes en métal de lait écrémé. Un repas par jour, et on ne faisait rien de la journée. »

Le désœuvrement était un problème bien réel. Pour tuer le temps, Gilles Lamontagne s'occupe un peu en donnant des cours de français et en rédigeant des lettres pour les parents et les amis des autres militaires moins doués. De temps à autre, des ravitaillements de la Croix-Rouge jettent un baume sur leurs privations, mais c'est l'exception. « Si on a survécu aux camps, c'est grâce à la Croix-Rouge. Sans la nourriture et les soins qu'elle nous a fait parvenir, nous serions tous morts. »

La peur était également omniprésente, même pendant la nuit :

> On était 300 prisonniers par édifice dans des lits à trois étages, sur des paillasses. On ne dormait pas bien et on avait toujours une certaine peur parce que les Allemands avaient souvent un doute sur notre baraque. Ils craignaient les évasions. Alors ils arrivaient à n'importe quelle heure de la nuit en criant de sortir. Ils nous comptaient pour savoir s'il manquait quelqu'un. Et pendant ce temps-là ils entraient dans la baraque, mettaient le chiard et tournaient les paillasses à l'envers.

La saleté était intenable.

> Ce n'est pas facile d'être sale tout le temps. On avait une douche de temps en temps, mais de l'eau chaude pour à peine une minute. Ils contrôlaient l'eau chaude

et après ça c'était « raus ! » Ça c'est un mot en allemand que je n'oublierai jamais, parce que c'était toujours ça. Dehors ! Et « schnell » : grouillez-vous ! Les Allemands étaient incapables de parler. Ils criaient tout le temps. Bien sûr, on n'avait pas de savon. Il y en avait parfois dans les paquets de la Croix-Rouge, mais c'était rare. Et on aimait mieux qu'ils nous envoient de la nourriture.

★ ★ ★

La grande évasion[2]

Gilles Lamontagne connaîtra quatre camps de concentration durant ses deux années et demie de captivité. Il est d'abord mené à Stalag Luft III, situé à côté de Sagan, dans la Pologne actuelle, un camp qui relevait exclusivement de la Luftwaffe. Il y retrouve deux de ses camarades de vol, Bud Brown et Vince Gauthier. Les deux autres, Goulet et

---

2. Dans la nuit du 24 mars 1944, 76 prisonniers du camp Stalag Luft III parviennent à s'échapper. Ils empruntent un tunnel de 111 mètres de longueur et de 10 mètres de profondeur creusé patiemment pendant des mois, avec la complicité des autres prisonniers du camp. Malheureusement, la sortie du tunnel s'avère trop près du camp et ne bénéficie pas de la couverture des arbres. L'évasion est rapidement découverte. Traqués par les nazis sur tout le territoire, les évadés sont tous repris, à l'exception de trois. Du 29 mars à la mi-avril, 50 d'entre eux sont exécutés sur ordre du führer. Cet épisode de la guerre a fait l'objet d'un film, *La grande évasion*, réalisé en 1963 par John Sturges, avec la participation de Steve McQueen, James Garner, Charles Bronson et plusieurs autres.

Aumond, ont fait l'objet d'un échange de prisonniers blessés et ont pu rentrer au pays.

Stalag Luft III deviendra notoire en raison de «la grande évasion», cette tentative de fuite menée par 76 prisonniers pendant la nuit du 24 mars 1944. Lamontagne, comme plusieurs autres prisonniers, contribue à cette initiative en se joignant aux «pingouins», chargés de transporter dans leurs vêtements, en petites quantités, les tonnes de terre provenant de l'excavation d'un tunnel long de 111 mètres. Pour consolider les murs du tunnel, on emprunte deux planches de chacun des lits des prisonniers. Le filage et les ampoules électriques nécessaires à l'éclairage du tunnel sont troqués avec les gardiens les plus complaisants du camp contre des paquets de cigarettes fournis par la Croix-Rouge.

Lamontagne compte parmi les plus jeunes aviateurs du camp. Heureusement pour lui, il n'est pas du nombre des militaires qui prennent la fuite : tous sauf trois sont repris par les Allemands et 50 sont fusillés sur ordre personnel d'Hitler.

La longue marche[3]

Après Sagan, Gilles Lamontagne est envoyé avec d'autres prisonniers à Stalag Luft VI, un autre camp

---

3. La longue marche compte parmi les épisodes les plus inhumains de la Deuxième Guerre mondiale. À l'été de 1944, plus de 200 000 hommes sont détenus dans les camps de prisonniers du IIIe Reich.

situé près de Heydekrug, en Prusse orientale. On le ramènera ensuite en panique à Stalag 20-A près de Thorn, en Pologne, avant de l'envoyer finalement à Stalag 11-B près de Fallingbostel en Allemagne. C'est de là que les Allemands, constatant l'avancée des troupes russes sur leur territoire, entraînent des milliers de prisonniers dans la longue marche, l'un des épisodes les plus cruels de la Deuxième Guerre mondiale.

« Constatant que les Russes et les alliés avançaient, les Allemands voulaient se servir de nous comme otages, mais ça n'a pas marché », dit Lamontagne.

Pendant 31 jours, privés de nourriture et ravitaillés à une occasion seulement, Lamontagne et des milliers d'autres prisonniers seront contraints de se déplacer vers le nord, dormant à la belle étoile ou dans des bâtiments de ferme. « Quand tu ne pouvais plus avancer, on te tirait une balle dans la tête. On ne les voyait pas tirer, ils attendaient que la colonne soit passée. Mais on les entendait et on savait bien ce qui se passait. »

Malgré tout, l'un de ses coéquipiers est parvenu à s'échapper pendant cette marche. Lamontagne se

---

Devant la menace des troupes russes, Hitler ordonne que tous ces prisonniers soient déplacés, pour éviter qu'ils ne soient libérés. À l'hiver 1945, les prisonniers de guerre entreprennent une marche forcée dans des conditions climatiques difficiles, et souvent sans abri pour dormir la nuit. Affamés et épuisés, des milliers d'entre eux tombent le long de la route et sont achevés sur place par leurs gardiens.

rappelle : « Quand on est parti de Fallingbostel, Brown a décidé de se sauver. Il est parti en courant vers la forêt et il a réussi. Ils ont tiré sur lui, mais ils l'ont manqué. Il faut comprendre que les Allemands commençaient à être découragés. Ça dépendait des gardes. Certains étaient vraiment féroces, c'étaient encore des nazis convaincus. D'autres étaient différents. Après la tentative d'assassinat contre Hitler, plusieurs avaient des doutes. »

Finalement le convoi de prisonniers ne s'est jamais rendu à Lubeck, qui devait être la destination finale.

On achetait la collaboration des Allemands avec les cigarettes que l'on recevait dans les colis de la Croix-Rouge. Tous les moyens étaient bons pour ralentir la marche, parce qu'on avait eu vent de rumeurs selon lesquelles leur intention était de nous embarquer à bord de bateaux qui seraient coulés au large par les alliés. Alors on ne voulait pas arriver à destination. Les gardes ont collaboré parce qu'eux aussi commençaient à trouver le temps long. On entendait les bombardements, et on voyait bien que les alliés étaient proches. Les gardes savaient très bien que c'était fini, mais comme on dit : le devoir et la patrie les forçaient à continuer. Quelques-uns étaient vraiment ancrés dans la patrie, les nazis ; d'autres étaient plus modérés, alors on venait à bout de ralentir la marche. Mais si tu tombais sur le bord de la route, ils te descendaient comme un chien. Ça leur faisait moins de monde à surveiller.

Il ajoute : « Quand on passait à travers les villages on sentait parfois une certaine sympathie, mais parfois pas : on était des luftgangsters, des gangsters de l'air. Mais il y avait une forme de courage collectif dans le groupe. Sans se le dire, sans poser de gestes extraordinaires, on s'entraidait. Quelques-uns sont restés sur le bord de la route, mais il ne fallait pas trop y penser. Il fallait survivre et pour survivre, il fallait se dire : écoute, c'est toi qui comptes. »

Gilles Lamontagne, dont le poids était de 160 livres au début de la guerre, n'en pesait plus que 105 lorsqu'il a été libéré.

Gilles Lamontagne, dont le poids était de 160 livres avant la guerre, n'en pesait plus que 105 à sa libération par les alliés, le 6 mai 1945. De retour en Angleterre, il est accueilli par la famille Hinks, de Birmingham, qui l'avait hébergé au début de la guerre. Collection Gilles Lamontagne.

Enfin de retour au Canada, chez son oncle Émile Lamontagne, en juin 1945. Il a obtenu sa libération des Forces armées en août de la même année. Collection Gilles Lamontagne.

CHAPITRE 3

Valcartier, le 24 octobre 2009

CINQUANTE-SIX ANS ONT PASSÉ depuis cette descente aux enfers, au-dessus du territoire hollandais. Mais l'ancien *flight lieutenant* Gilles Lamontagne est encore au rendez-vous. Toujours aussi droit qu'un militaire au garde-à-vous, il monte sur le podium pour accueillir les 700 invités à la Criée d'automne 2009, un événement de collecte de fonds pour le Centre de la famille Valcartier, un organisme qui vient en aide aux conjoints et aux enfants des militaires en mission à l'étranger. L'institution est au cœur de la lutte contre les blessures de guerre, contre le syndrome de stress post-traumatique.

Gilles Lamontagne a participé à tous les événements de collecte de fonds du centre. Il sait, mieux que quiconque, qu'un soldat traumatisé par les horreurs de son métier a cent fois plus de chances de s'en sortir si sa famille va bien et si elle est préparée pour l'accueillir au retour. Et, pour qu'elle le soit, il faut justement qu'on s'occupe d'elle pendant son absence.

Cinquante-six ans après avoir été frappé aux commandes de son avion par un chasseur allemand, Gilles Lamontagne s'intéresse encore au sort des militaires canadiens de retour de mission. Chaque année il participe à la Criée d'automne, un événement de collecte de fonds pour le Centre de la famille Valcartier. Il y était encore en octobre 2009, en compagnie du chef d'état-major de la Défense, le général Walter Natynczyk, et du maire de Québec, Régis Labeaume. Photo : Centre de la famille Valcartier.

«Quand on revient, on n'est pas aussi équilibré qu'on l'était au départ, explique-t-il aux invités. Mais, si la famille est là, c'est certain qu'on va s'en sortir. Ça ne se soigne pas ce que vous ressentez après une guerre, mais ça se contrôle.»

Roméo Dallaire est aussi de l'événement. L'ancien commandant des Casques bleus au Rwanda ne s'est jamais totalement remis du génocide dont il a été un témoin impuissant, d'avril à juillet 1994. C'est sous sa gouverne, plusieurs années plus tard, que le Centre de la famille Valcartier a vu le jour.

Après Gilles Lamontagne, Roméo Dallaire monte à son tour sur le podium et rappelle à quel point la guerre place les militaires devant de terribles dilemmes, autant sur le plan de l'éthique que de la légalité. De nombreux soldats canadiens postés en Bosnie ont encore en mémoire la frustration d'avoir été contraints à l'inaction par leur mandat de maintien de la paix, d'avoir assisté impuissants à des viols, à de la torture et des assassinats.

«Ces dilemmes créent des traumatismes auxquels il faut savoir répondre sur le terrain et au retour», explique-t-il, en ajoutant qu'on n'a jamais vu, au pays, autant de vétérans qui ont connu la guerre et ses traumatismes.

Roméo Dallaire est sénateur à Ottawa. C'est de là qu'il tente de sensibiliser les politiciens à la réalité des militaires et de leurs familles. Gilles Lamontagne aide à sa manière. Sans faire de bruit, il lui arrive encore de rencontrer des militaires qui vivent leur retour plus difficilement.

« Parfois on me dit qu'untel revient d'Afghanistan, qu'il vit ça difficilement. Alors je vais lui parler, lui demander comment il va. Parfois, il va s'ouvrir davantage à moi qu'à son commandant, parce qu'avec son commandant il ne peut pas critiquer. Et peut-être aussi en raison de mon âge, de mon image de grand-père. »

Dans la plupart des cas, les symptômes qu'on lui décrit sont les mêmes, en commençant par l'absence de sommeil. Gilles Lamontagne n'a pas vécu l'Afghanistan, mais il compatit aux traumatismes de ses cadets, dont la plupart pourraient être ses petits-enfants. « Ce n'est pas le même traumatisme que le nôtre. Eux, ils doivent avoir très peur. Certains vont dire qu'ils n'ont pas peur. Mais imagine un peu ce que ça doit être : ne pas savoir si tu vas te faire sauter, mettre le pied sur une mine ou croiser une automobile remplie de dynamite… Tu ne le sais jamais. Nous on se battait, on savait pourquoi on se battait et contre qui on se battait. Eux ne savent pas contre qui ils se battent. Ça doit être atroce. Et c'est pour ça que je dis qu'ils sont aussi braves qu'on l'était. »

C'est donc pour eux que Gilles Lamontagne est à Valcartier, ce 24 octobre 2009. Pour eux et pour leur famille. « C'est tellement précieux pour les gens qui reviennent de l'Afghanistan. »

Malgré le long calvaire des camps de concentration nazis, l'ancien militaire répète sans cesse qu'il a été privilégié. Célibataire et issu d'une famille à l'aise, il n'a pas eu de préoccupations immédiates à son retour au pays. Ce n'est pas le cas de la plupart de nos militaires.

> Imagine la situation de celui qui revient de là avec une famille de trois enfants par exemple. Il est déboussolé, il touche son salaire, mais ce n'est pas le Pérou. Alors je peux m'imaginer le stress de ce gars-là et même l'idée de suicide. Je n'ai jamais eu cette tentation, mais je les comprends. À un moment donné, ils n'ont rien devant eux, ils ne se sentent pas capables de prendre des responsabilités. Et parfois, ils ne sont pas capables… Ce n'est pas tout le monde qui a un cours classique, une formation en génie ou en droit. Alors certains se retrouvent devant rien. «Qu'est-ce que je fais? Qui suis-je? Un vétéran, bien oui, un héros? Mais après ça, qui suis-je?» Ça doit être très dur.

★ ★ ★

«J'ai encore des flashbacks»

D'abord maire de Québec, ensuite ministre de la Défense nationale à Ottawa et lieutenant-gouverneur du Québec, Gilles Lamontagne a toujours été dans l'actualité. Mais il a gardé le silence sur les fantômes de la Deuxième Guerre mondiale qui l'ont hanté toute sa vie. Ce n'est que tout récemment qu'il a commencé à s'en ouvrir publiquement.

Il dit : « Un syndrome, ça ne s'explique pas. Tu as des sensations de peur, de crainte, de colère, de frustration et de négativisme : tu ne vaux plus rien. Il n'y a pas de syndrome unique, c'est différent chez chaque personne. Moi, j'ai encore des flashbacks. Il y a certaines choses qui sont restées dans mon système, et j'ai beau essayer de m'en débarrasser, c'est impossible. Il n'y a pas de pilule pour ça, il n'y a pas de pilule pour guérir ton stress. Il faut essayer de le contrôler. Tu as tendance à te refermer sur toi, mais il faut résister. Il faut trouver des gens qui peuvent t'aider, par des activités, par le sport… »

L'ancien pilote de guerre n'a jamais été d'un naturel craintif. Mais il arrive que la peur ou la colère s'imposent encore à lui, sans raison autre que le stress du passé. « Parfois, quand je vais prendre une marche avec ma fille, on croise un gros chien dans le voisinage. Ça m'énerve, à cause de la Gestapo. Lorsqu'on nous embarquait dans les wagons pour nous amener d'un camp à l'autre, on nous entassait comme des animaux et il y avait une rangée de gardiens accompagnés de leurs chiens. Quand ça n'allait pas assez vite à leur goût, ils laissaient les

La guerre est terminée depuis longtemps, mais les plaies de l'âme sont toujours là, susceptibles de refaire surface. « Il y a certaines choses qui sont restées gravées dans mon système, et j'ai beau essayer de m'en débarrasser, c'est impossible. Il n'y a pas de pilule pour guérir ton stress. Il faut essayer de le maîtriser. »
Photo : Érick Labbé, *Le Soleil*. ▶

bêtes s'approcher de nous, la gueule grande ouverte, montrant leurs crocs… C'est une image de peur qui est restée gravée dans ma mémoire. »

Le bruit des chenilles d'un char d'assaut ou d'un bélier mécanique réveille également ses vieilles peurs. « Chaque fois qu'on entendait ce bruit, on ne savait jamais si c'était les alliés, les Russes, ou si c'était les Allemands. On se cachait. Et c'est un son avec lequel j'ai beaucoup de misère même aujourd'hui. »

Gilles Lamontagne est un homme doux. Mais la colère l'habite encore dans certaines circonstances. Il se souvient de son premier voyage en Allemagne, une fois la guerre terminée. Il a ressenti une colère subite et forte lorsqu'il lui a fallu monter à bord d'un appareil civil des lignes allemandes. « Je ne l'ai pas exprimé, mais ça m'a rappelé soudainement cette guerre tellement atroce… »

Encore aujourd'hui, il éprouve des émotions pénibles au Festival annuel de musique militaire de Québec, lorsque c'est la fanfare de l'Allemagne qui se fait entendre. La guerre est terminée depuis longtemps, mais les plaies de l'âme sont encore là, toujours susceptibles de refaire surface.

Malgré tout, il demeure positif : « Tout s'amoindrit avec le temps et la volonté. C'est le seul remède… »

CHAPITRE 4

«Je ne suis pas fou»

CHYPRES, HAÏTI, BOSNIE, AFGHANISTÁN, Normand Saint-Hilaire (nom fictif) a fait le tour : il a connu toutes les facettes des missions de l'armée canadienne à l'étranger et il en paie le prix. Il a fallu que sa femme l'accule au mur, en 2006, pour le convaincre d'aller consulter. «C'est difficile de faire les premiers pas. La première idée qui vous passe par la tête quand vous entendez le mot "psychologue", c'est de dire : "je ne suis pas fou ! Je n'ai pas de problème, je suis correct". On ne veut pas admettre qu'on a un problème.»

Pourtant, les symptômes étaient là, depuis longtemps :

> J'avais de la difficulté à dormir, sauf que c'était normal… c'était devenu normal. J'avais des flashbacks dans mes rêves et même le jour. Parfois, c'était un bruit, une odeur, ou par exemple pendant la cuisson de la nourriture sur le barbecue. Quand on fait cuire de la viande rouge, c'est ma femme qui va la mettre sur le grill. Une fois que la viande a bruni, je peux

continuer la cuisson. Mais si quelqu'un mange un steak saignant et que je vois une goutte de sang dans son assiette, c'est fini. Je ne mange plus.

Contrairement à ce que l'on pourrait croire, ce n'est pas de la guerre en Afghanistan que Saint-Hilaire a ramené son traumatisme. C'est de la Bosnie. C'est là qu'il a vu des atrocités qui se sont gravées à jamais dans son cerveau.

Tout comme au Rwanda, les règles d'engagement des Casques bleus en Bosnie leur commandaient d'utiliser leurs armes seulement si leur vie était en danger. «Tu ne peux pas intervenir, parce que si tu le fais, l'un des belligérants va t'accuser d'avoir un parti pris pour l'autre. Donc il faut être neutre. Mais, en étant neutre, on vit des situations où l'on ne peut rien faire.»

La colère et la culpabilité

Témoins impuissants des atrocités de la guerre, les Casques bleus vivent la colère et, pire encore, la culpabilité de ne pas avoir porté secours. Normand Saint-Hilaire n'y a pas échappé. Il est encore mal à l'aise et tente de se justifier lorsqu'il raconte le viol terrible dont il a été témoin lors d'une patrouille avec un de ses collègues.

On est arrivé là, la fille se faisait violer par trois Serbes. C'était à flanc de montagne. La question que tu te poses, c'est combien y a-t-il de Serbes derrière eux? Impossible de savoir. Si j'avais décidé d'intervenir et que mon collègue s'était fait tuer, on aurait exigé des explications, on nous aurait demandé si notre vie était en danger. On a reculé et on a décidé d'attendre qu'ils aient fini pour aller donner des soins à la victime, mais ils ont attendu qu'on revienne. Lorsqu'ils nous ont vus, l'un d'entre eux s'est acharné sur la fille avec sa baïonnette. Notre première réaction a été de dire: on va tirer sur eux. C'est sûr qu'à Québec on verrait ça et on porterait secours à la victime. Mais on n'était pas dans notre pays. Alors on a dû se contenter de lui donner les premiers soins.

Normand Saint-Hilaire estime aujourd'hui qu'il n'avait pas le choix et qu'il a pris la décision qui s'imposait dans les circonstances, «sauf qu'en revenant c'est l'image de mes sœurs qui m'est apparue. Je trouvais que je n'en avais pas assez fait…»

La vue des enfants

Les atrocités de la guerre dans les Balkans sont bien documentées. Mais les images rapportées par les Casques bleus sont pires encore que celles qui sont relatées par les médias. Normand Saint-Hilaire a encore en mémoire l'horreur d'une autre patrouille dans un village isolé, pourtant situé dans l'enclave de Srebrenica, théoriquement protégée par l'Organisation des Nations unies (ONU).

« Quand on a ouvert la porte de l'école, il y avait deux enfants crucifiés à l'envers de la porte », dit-il. Les miliciens avaient emprisonné de nombreux civils dans le sous-sol de l'établissement et installé des charges explosives sous les poutres de soutien. Les civils ont été sauvés, mais le souvenir des deux petites victimes est resté gravé à jamais dans sa mémoire.

« Tu ne peux pas être insensible à ça. On nous dit de ne pas faire de lien entre ce que l'on vit pendant nos missions et nos familles au Canada. Je pense que c'est là que mes problèmes ont commencé. J'avais des neveux et des nièces de cet âge-là, de l'âge des

Bosnie… Un monde d'atrocités dans un décor champêtre. Et ces enfants, souffrant du froid et de la faim. Les militaires n'avaient pas le droit d'utiliser leurs armes à moins que leur vie soit menacée. Plusieurs sont revenus révoltés d'avoir assisté impuissants à de telles horreurs. Photo : Bob Danis.

enfants qui avaient été crucifiés. C'est sûr que j'ai fait un lien. En théorie, il ne faut pas faire de lien, mais c'est impossible, c'est un automatisme», ajoute-t-il.

Dans son livre *J'ai serré la main du diable*, Roméo Dallaire décrit bien la difficulté devant laquelle sont placés les militaires comme Normand Saint-Hilaire qui ont à composer avec de telles horreurs. «J'étais bouleversé par l'impact que pouvaient avoir sur mes troupes le stress extrême et la violence sauvage qu'ils devaient affronter sur le terrain. »

Il a fallu des atrocités comme celle du Rwanda et de la Bosnie pour que l'armée canadienne commencer à se donner les outils nécessaires pour aider ses soldats.

Dans son livre *J'ai serré la main du diable*, Roméo Dallaire dit avoir été bouleversé par la détresse de ses soldats devant la violence sauvage du génocide au Rwanda. Photothèque *Le Soleil*.

CHAPITRE 5

La culpabilité

« Faites-vous en pas, on va vous le ramener… »

GHISLAIN MORIN A ENCORE MAL quand il se rappelle les funérailles du soldat Jonathan Dion, à Gatineau, le 10 janvier 2008. Au moment du départ pour l'Afghanistan, quelques mois plus tôt, il avait promis à la mère du jeune militaire de lui ramener son fils sain et sauf…

« Ce qui m'a le plus touché, c'est d'entendre les pleurs de sa mère durant les funérailles. C'était dans une petite église, c'était très intime. Quand elle se mettait à pleurer, c'est comme si je recevais des coups de couteau au cœur. »

Ghislain Morin était l'adjudant de la base d'artillerie canadienne où était posté Jonathan Dion, à deux heures de route de Kandahar. Au départ pour l'Afghanistan, le soldat avait été le dernier à monter à bord. « J'étais le chef de l'envolée et je voyais bien que sa mère avait de la peine parce que c'était la première mission de son fils. Je lui ai dit : "ça va bien aller, faites-vous en pas, on va vous le ramener". C'est la seule personne à qui j'ai dit ça… »

«Faites-vous-en pas, on va vous le ramener», avait déclaré l'adjudant Ghislain Morin à la mère du soldat Jonathan Dion, à son départ en 2007. Le sort en a voulu autrement. Ghislain Morin a encore mal quand il évoque les funérailles du militaire à Gatineau. Photo: *Le Droit*.

Militaire d'expérience et âgé alors de 37 ans, Ghislain Morin gérait la petite garnison d'une trentaine de personnes déployées autour d'une base d'artillerie. Comme plusieurs autres officiers de sa génération, il se voyait un peu comme le père de famille de cette petite troupe. Le 22 décembre 2007, il a été blessé à un pied en manipulant un obus. Craignant une fracture, il a dû revenir au quartier général de Kandahar pour y subir une radiographie. Il a alors appris que l'on préparait une cérémonie de remise de décorations pour le 31 décembre. Il a suggéré qu'on y invite son groupe qui n'avait pas quitté sa base d'opérations avancées depuis octobre. Malheureusement pour lui, on a acquiescé à sa demande…

Jonathan Dion. Photo : Défense nationale.

La mort en direct

Le 30 décembre au matin, il est appelé d'urgence au quartier général : sur un écran géant, il assiste, impuissant, au drame qui vient de toucher ses hommes. Les images transmises par les drones montrent son convoi en direction de Kandahar qui vient d'être touché par une mine. « Je regardais ça en direct. C'est moi qui les avais fait venir, c'est mon véhicule qui avait sauté sur une mine et je n'étais même pas là, avec eux. C'était le chaos sur la radio. Mon capitaine, c'était un jeune, il n'avait que trois ans dans les Forces alors que moi j'en avais 18. »

À l'arrivée de ses camarades à l'hôpital, il apprend qu'il y a un mort et quatre blessés, dont un grièvement. « Je me suis senti responsable : c'est mon véhicule qui explose et je ne suis même pas dedans et c'est moi qui avais fait changer les plans pour les amener à Kandahar. » Il ajoute : « Tout le temps que j'ai passé à l'hôpital avec les gars, j'ai pleuré comme un bébé. Je tenais la main de celui qui était le plus blessé. Il ne voulait pas me lâcher. »

Quelques jours plus tard, Ghislain Morin est de retour au pays pour les funérailles de son collègue à Gatineau. Il ne trouve pas les mots pour consoler la mère à qui il avait promis de ramener son fils. Morin dit : « Quand je suis arrivé devant elle, j'avais l'air d'un grand insignifiant. Quand elle m'a vu, elle m'a pris dans ses bras et elle m'a dit : "Tu n'as pas besoin de parler". Ça m'a fait beaucoup de bien. Je

Ghislain Morin (à droite) en compagnie du soldat Jérôme Leuté, qui a été grièvement blessé dans l'explosion qui a coûté la vie à Jonathan Dion. Photo : Ghislain Morin.

ne sais pas si elle m'avait reconnu, mais moi je m'en souvenais. Ça m'a fait du bien de savoir qu'elle ne m'en voulait pas. »

La base d'artillerie de Ghislain Morin à quelques heures de route de Kandahar. Photo : Ghislain Morin.

Le choc du retour

Ghislain Morin avait encore un mois à servir en Afghanistan. La fin de sa mission s'est bien déroulée. C'est à son retour au pays qu'il a ressenti les premiers symptômes de ses blessures de guerre. Dès le départ, les petites frustrations du travail commencent à lui peser plus qu'à l'habitude. Un jour, il éclate lorsqu'on lui demande, par erreur, d'affecter à une tâche un de ses collègues décédés. « J'ai vu noir. J'ai démoli l'ordinateur du bureau. »

Comme tous les militaires de retour de mission, il a rempli un formulaire élaboré visant à déterminer s'il éprouvait des problèmes liés à sa mission. Quelques jours plus tard, il est convoqué à une entrevue à l'hôpital et se voit offrir quelques jours de congé. Il refuse.

« Dans ma tête de militaire, je n'avais pas besoin de congé. Je savais que ça n'allait pas, mais je ne savais pas ce que c'était et je me disais que ce ne sont pas les congés qui me feraient du bien. Je ne voulais pas de médicaments : je suis fort et j'ai pas besoin de ça. »

Les jours qui suivent démontrent le contraire. Après une autre crise de colère, il retourne voir le médecin et accepte de prendre deux semaines de vacances pour aller à la pêche avec ses enfants.

« Ça été un cauchemar. J'ai chialé après eux pendant trois jours. Pourtant, c'étaient des enfants et ce qu'ils faisaient était parfaitement normal. Ils rentraient mouillés dans la cabane, mais la cabane était sale, de toute manière. Ça ne dérangeait rien, mais moi ça me dérangeait. »

Au retour, Ghislain Morin retourne voir le médecin pour demander de l'aide. « C'est le fait d'avoir passé trois jours avec les enfants et d'avoir vu ce que je leur avais fait. Je me suis dit que je ne pouvais pas rester comme ça. »

Pourtant, il portait depuis longtemps les cicatrices de ses séjours en mission. Il avait des problèmes de sommeil depuis 2001, il faisait des cauchemars, mais

Ghislain Morin soutient : « Quand on est là-bas, il faut être agressif, ça fait partie de notre travail. Mais, quand on revient, il faut se débarrasser de ça. Ça ne se fait pas en mettant les pieds au Canada ».
Photo : Ghislain Morin.

il n'avait jamais consulté. «C'est souvent ça le problème avec les militaires : tant qu'on est capable de fonctionner, on continue d'en prendre, même si l'on sait que ça ne va pas bien, jusqu'à ce que ça bloque».

Ghislain Morin sait à quel point le retour des militaires dans leur famille doit être bien encadré et accompagné par des services professionnels. Il soutient : «Quand on revient, on veut tout faire. Après 7 à 8 mois d'absence, il faut partir la piscine, réparer les vélos des enfants, ramasser les feuilles… Il y a plein de choses qui ont brisé pendant notre absence. On dirait qu'on veut tout faire en même temps, parce qu'en mission on était constamment en haute vitesse. Ça prend un certain temps à se débarrasser de ça.»

Depuis juin 2009, Morin est coordonnateur au programme de soutien social aux blessures de stress opérationnel (SSBSO) à la base de Valcartier. Il a participé au tournage d'une vidéo montrant les principaux symptômes des blessures de guerre. Il explique que, s'il est relativement facile de se faire une carapace pour survivre en mission, c'est moins facile d'enlever cette carapace au retour. «Pendant 6 ou 7 mois, tu ne peux pas vraiment te permettre d'avoir des émotions, parce que tu risques de compromettre la mission. Quand tu es là-bas, c'est la mission qui passe en premier. Tes hommes passent en deuxième et toi, tu passes en troisième.»

C'est quand les militaires reviennent au pays qu'il leur est parfois difficile de se «déprogrammer» ou tout simplement de composer avec leurs émotions. «Quand on est là-bas, il faut porter attention à tous les bruits. Il faut être constamment en état d'alerte parce que, quand ça saute quelque part, il faut savoir d'où ça vient. C'est pour ça que, lorsqu'on revient, certains vont faire le saut à tout bout de champ.»

C'est la même chose pour l'agressivité. «Là-bas, il faut être agressif, ça fait partie de notre travail. Mais, quand on revient, il faut se débarrasser de ça. Ça ne se fait pas en mettant les pieds au Canada.»

CHAPITRE 6

Les blessés à l'aide des blessés
«Les clients savent qu'on est passé par là.»

Bob danis connaît bien les blessures de stress opérationnel. Avec son collègue Christian Marquis, il est l'un des 28 coordonnateurs du soutien par les pairs, un programme qui relève à la fois des Anciens Combattants et de la Défense nationale. Les deux hommes sont des militaires à la retraite des Forces armées. Ils ont vécu la mission des Casques bleus en Bosnie et en Croatie et en portent encore les séquelles.

Pour Bob Danis, la blessure a longtemps pris le visage d'un enfant de 8 ans qui a couru vers lui il y a une quinzaine d'années à Srebrenica pour lancer une grenade. L'engin était désarmé. Deux jours plus tard, le bambin est revenu vers sa patrouille en criant qu'il avait une grenade. En l'espace de quelques secondes, Bob Danis a dû choisir : abattre le garçonnet, ou courir le risque… Il n'a pas tiré. Quand le bambin a ouvert sa main, il tenait un morceau de pain !

Avec le recul du temps, Bob Danis a bien agi, mais l'événement a laissé un traumatisme. Pour comprendre, il faut revivre avec lui l'intensité de la situation. Bob Danis est sergent à l'époque. Il relève des Forces aériennes sous la direction de l'OTAN. Son mandat principal est de protéger l'enclave de Srebrenica.

La journée du premier incident, il est accompagné de son adjoint et d'un mitrailleur. C'est lui qui reçoit l'engin meurtrier lancé par le jeune garçon. « Quand j'ai vu que c'était une grenade, ma première réaction a été de prévenir mes collègues. Je voulais m'en départir, mais j'étais en plein milieu du marché public. Si je l'avais lancée, c'était un béret bleu qui venait de lancer une grenade dans le marché public. Je l'ai gardée sur moi. »

L'engin n'explose pas. Bob Danis est tellement stressé qu'il lui est difficile d'ouvrir la main. Il constate finalement que la goupille est encore en place. Il sécurise la grenade et la place dans sa poche.

« Il s'en vient avec une autre grenade ! »

Deux jours plus tard, il revit exactement le même scénario, avec le même enfant.

Le petit garçon courait derrière nous. Mon adjoint m'a dit « Bob, il s'en vient avec une autre grenade ». J'ai armé mon arme, je me suis retourné vers lui et je lui ai crié d'arrêter. Il gardait la main droite à l'intérieur de son veston. J'ai réalisé qu'il avait crié « grenade ». Je lui ai fait signe d'arrêter. Il s'est arrêté à une dizaine de pieds de moi. Je ne voyais plus ce qui se passait autour de moi. Tout ce que je voyais, c'était son visage. Je me suis dit que quelqu'un l'avait envoyé deux jours plus tôt pour tester notre réaction, mais que, cette fois-ci, c'était la bonne. On voulait nous faire sauter. Je me suis demandé si j'étais capable de lui enlever la grenade. Je combattais mon idée de lui placer une balle dans la tête. C'était la première option mais je n'étais pas capable, parce que je voyais mes deux enfants, il avait l'âge de mon plus vieux. Si ça avait été un ado ou un adulte, je n'ai aucun doute, j'aurais tiré. Selon nos règles d'engagement, j'avais le droit de tirer parce que la menace était directe. S'il avait eu une grenade, c'est sûr que j'aurais été blessé, peut-être tué, de même que mon adjoint et mon mitrailleur. Le jeune pleurait. Imaginez la peur d'un petit gars de huit ans qui se fait pointer une arme dans sa direction par trois gars costauds qui crient... Il paniquait, il ne comprenait pas, je le pointais et je criais après lui.

Finalement, c'est l'intervention d'un vieil homme qui met fin au suspense en immobilisant l'enfant. On constate alors que le jeune garçon ne dissimule qu'un morceau de pain dans son veston. Pas de grenade...

Bob Danis a vécu la Bosnie. Il lui a fallu des années avant de raconter à sa femme qu'il était venu à un cheveu de tirer sur un gamin de 8 ans qui courait vers lui en prétendant avoir une grenade. Ces images du passé viennent encore le hanter. Photo : Bob Danis.

Il a fallu une quinzaine d'années à Bod Danis avant de parvenir à exorciser cette scène. «C'est le fait d'avoir pointé une arme sur un enfant de 8 ans alors que j'en avais 33. En plus, je me reprochais d'avoir mis ma sécurité et celle de mes deux collègues en jeu en n'ayant pas tiré. Tu deviens tellement magané dans ta tête, explique-t-il aujourd'hui. Tu te bats contre toi-même, tu te bats contre les règles d'engagement…»

C'est l'indiscrétion d'un de ses collègues, plusieurs années plus tard, qui l'a amené à raconter l'histoire à son épouse. «Je m'en suis voulu pendant longtemps. J'avais mis ma vie et celle des autres en danger. Mais, comme père de famille, je ne pouvais pas tirer. Essaie d'expliquer à ta femme que tu as tué un enfant…»

« Je devenais impatient, intolérant »

Pour Christian Marquis, la blessure de guerre a pris la forme de crises de panique qui l'ont mené jusqu'en psychiatrie. « J'allais en ville et même au travail, je tombais constamment en crise. Je devenais impatient, intolérant. Je ne savais pas ce que c'était. Moi, je suis un militaire, je suis un expert en fusils, pas en psychiatrie. À un moment donné, je me suis tanné parce que j'étais en pleurs. Je venais de comprendre quelque chose, sans savoir ce que c'était. Mais ça m'a pris un méchant courage pour affronter l'escalier jusqu'au 2ᵉ étage [services psychiatriques de Valcartier]. Psychiatres, psychologues, je ne savais pas à quoi m'attendre, je ne suis pas fou. On m'a fait passer une batterie de tests, et on m'a expliqué ce que j'avais. »

Mal vu de se plaindre

Les deux hommes ont fait carrière à une époque où l'on ne parlait pas de ces problèmes. « C'était très mal vu et ça mettait une croix sur votre carrière », raconte Bob Danis. Christian Marquis explique qu'on était alors à l'époque des grandes compressions budgétaires. Au début des années 1980, on comptait plus de 100 000 personnes dans les Forces armées canadiennes. On n'était plus que 85 000 en 1990 et l'effectif permanent a été réduit à 60 000 en 1997. Dans un tel contexte, la déclaration d'une

Les règles d'engagement des Casques bleus en Bosnie leur interdisaient d'intervenir dans le conflit. Danis, comme ses collègues, a été un témoin impuissant des meurtres collectifs perpétrés sur ce territoire. La distribution d'aliments aux civils apportait un peu de baume sur ses souffrances, mais à peine. Photo : Bob Danis.

blessure de stress opérationnel servait souvent de prétexte pour envoyer un militaire à la retraite.

C'est la pénible expérience du Rwanda qui a servi de base de lancement pour un service d'entraide par les pairs. De retour du continent africain, le major Stéphane Grenier a constaté que, même à son niveau, il était difficile d'obtenir de l'aide pour ce genre de problème. Il a convaincu ses supérieurs à Ottawa de mettre sur pied le Service de soutien pour les blessures de stress opérationnel (SSBSO). Le conflit dans l'ex-Yougoslavie a renforcé ce besoin. Les soldats se sont retrouvés dans des situations où il leur était interdit d'empêcher la purification ethnique, même s'ils avaient les ressources nécessaires pour intervenir. Plusieurs de ces militaires sont revenus traumatisés et n'ont eu que peu d'aide, une situation dénoncée par l'ombudsman des Forces armées canadiennes.

Les traumatismes afghans

Les temps ont changé, mais la mission en Afghanistan a créé de nouveaux besoins et de nouveaux traumatismes. Les « clients » de Christian Marquis et Bob Danis sont issus de tous ces conflits.

« Nous avons trois types de clients, explique Christian Marquis. Ceux qui ont besoin d'aide, ceux qui ont besoin d'informations et ceux qui veulent faire reconnaître leurs droits. » L'organisme intervient à quatre niveaux : les militaires en service ou

à la retraite, les familles, l'aide au deuil, et la sensi-
bilisation du public par des conférences.

« Ce n'est pas nous qui traitons, mais, par contre,
nous connaissons les bonnes portes où aller frapper.
Nous connaissons les procédures et les champs
d'intérêt des professionnels de la santé. »

Dans un premier temps, leur travail consiste donc
à écouter les personnes en demande d'aide, à comprendre la situation, à la valider. Il s'agit ensuite
d'accompagner le demandeur dans sa démarche,
tout en essayant de le responsabiliser. « Il faut amener
les gens à se prendre en main », explique Christian
Marquis.

L'intervention des pairs est importante parce
qu'elle a pour effet de renforcer le sentiment
d'appartenance des anciens militaires qui peuvent
se sentir isolés et abandonnés avec leurs problèmes,
une fois à la retraite. Dans bien des cas, les interventions se résument à de la paperasse à remplir. « Dans
l'armée, le système s'occupe de toi. Pas besoin de
prendre rendez-vous pour ton médical, explique Bob
Danis. Mais, quand tu en sors, c'est fini. »

CHAPITRE 7

Briser la solitude

L'ANCIENNE-LORETTE, FÉVRIER 2010, mardi soir, 18 h 30.

Ils se voient une fois la semaine, au lunch ou en soirée. Les rencontres ne sont pas annoncées. C'est la formule du bouche à oreille. Pas de psychologue, pas de travailleur social ou de médecin, uniquement des militaires ou des anciens militaires. Ils ont tous vécu les séquelles du syndrome de stress post-traumatique. Ils en souffrent encore : la plupart d'entre eux sont médicamentés. C'est pour briser la solitude de leur traumatisme qu'ils se voient, qu'ils échangent sur leur semaine et sur les défis qui les attendent au cours des jours à venir.

Malgré la présence du journaliste, la dynamique de groupe et le climat de confiance entre collègues font rapidement leur effet : petit à petit, ils sortent de leur bulle pour se confier. Pour un, c'est un tic nerveux qui dérange, un phénomène bizarre d'éblouissement à la lumière lorsqu'il conduit son automobile en soirée.

Ses collègues le rassurent. Plusieurs disent avoir connu ça. « Ce sont les médicaments. Ça va passer », intervient l'un d'entre eux. Autre symptôme : les pertes de mémoire. Ils s'en plaignent tous, au point d'en faire de l'humour. « La mémoire, j'en parle pu, hostie », conclut l'un d'entre eux, pour indiquer à quel point c'est fréquent.

Retour aux études

Le tour de table se poursuit. Un autre parle de ses difficultés à obtenir des équivalences scolaires pour décrocher un diplôme d'études secondaires. C'est que, pour les métiers de combat, la troisième année du secondaire est suffisante pour entrer dans l'armée. Le salaire est alléchant. C'est à la sortie des Forces que le problème se pose : il n'est pas facile de trouver un emploi avec une formation aussi limitée. La transition est souvent problématique.

Un des participants à la réunion se réjouit de l'appui de ses supérieurs pour retourner aux études. « Je m'attendais à me faire dire : "si t'es pas capable de retourner sur une tourelle, criss ton camp !" » C'est l'inverse qui s'est produit : on lui a offert un travail administratif et on l'encourage à suivre des cours du soir pour préparer son retour parmi les civils. En attendant, on lui a donné le choix entre le travail dans son unité de combat ou un poste dans une autre unité. Il a choisi de rester dans son unité lorsqu'il a constaté que ses anciens camarades étaient heureux de le revoir.

Comme tous les autres, il a encore des phobies incontrôlables. Il a longuement angoissé à l'idée de se retrouver dans une foule lors d'un événement de remise de décorations. Finalement, ça s'est bien passé. Comme de nombreux militaires qui sont incapables de se retrouver dans les foules ou les endroits très fréquentés, il a éprouvé beaucoup de difficultés à aller faire son épicerie. Au cours des dernières semaines, c'est devenu un peu plus facile. «Ça va beaucoup mieux, raconte-t-il. Ma blonde m'a même dit que j'étais devenu un meilleur papa qu'avant le départ.»

Rupture

La vie est plus difficile pour le suivant. Il a rompu avec ses frères et sœurs. «J'ai été deux ans sans voir ma famille. Pour eux, les Casques bleus sont payés à rien faire.» Il ne s'est pas encore confié à ses proches sur ses problèmes de santé liés aux missions à l'étranger. «Je ne suis pas encore rendu là.» Ses camarades l'encouragent: «Tu devrais leur dire.» Mais il en est incapable, pour le moment...

L'alcool

Pour le suivant, c'est l'alcool. Il est sobre depuis un bout de temps, mais ça demeure un défi. «Cette semaine, c'est plus *rough*, la soif m'a repogné. Mon défi, c'est la sobriété. Mon dossier est assez épais comme ça, sans que j'en remette. » Il a tenté récemment de renoncer au tabac, mais il a constaté qu'il valait mieux prendre les défis un à la fois. Il vient de changer de médicaments et il a l'impression que ça allait mieux auparavant. « Les sueurs nocturnes ont recommencé. »

Il a fait l'erreur d'aller voir le film *Shutter Island* avec un ami. Il s'attendait à un drame policier ; il s'est retrouvé devant les angoisses d'un ancien militaire, les flashbacks de la guerre, les enfants, la mort… Il n'a pas tenu le coup : « En Afghanistan, on en a soigné des enfants. Tu te souviens du char piégé, demande-t-il à un collègue ? Le gars était amoché en chien, ça me revient tout le temps. Le jeune avait la moitié de la main arrachée. »

Le film l'a « dérangé terriblement ». Il a dû sortir et s'est promené dans les corridors du centre commercial. « Quand quelqu'un venait vers moi, il fallait que je me tasse parce qu'il entrait dans ma bulle. J'avais peur de moi. J'aurais pu commettre un acte criminel. »

Le deuil des Forces

La réunion tire à sa fin. Le dernier intervenant déclare qu'il n'a pas grand-chose à raconter. Mais, deux minutes plus tard, il n'en finit plus de raconter son angoisse. Il a commis une tentative de suicide il y a trois semaines. «Je ne serais pas venu ce soir. Denis est venu me chercher. J'ai mal partout, je suis fatigué mentalement, j'ai cessé de prendre mes médicaments, j'ai besoin d'aide. Je ne me reconnais pas, je ne comprends pas ce qui se passe autour de moi. Je me demande si je ferai mon cours à l'automne. »

Ses collègues comprennent immédiatement : il vient d'obtenir sa libération des Forces armées. «C'est le sevrage, lui explique un autre. Ça m'a pris trois ans pour m'en sortir. Quand on est sorti du militaire, il faut qu'on sorte le militaire de nous autres. »

Rapidement, la conversation s'engage autour des difficultés à faire son deuil des Forces armées. «J'ai été militaire pendant 29 ans. Dans l'armée, on nous dit : tourne à gauche, tu tournes à gauche, tourne à droite, tu tournes à droite. Mais là y'a pu rien qui m'oblige à ça. Je suis qui, moi, tabarnak ? »

La soirée est terminée. Les hommes se retrouvent autour d'une cigarette à l'extérieur. Les blessures sont encore là mais elles sont moins lourdes à porter en groupe qu'isolément. La vie continue.

STATISTIQUES SUR LES MILITAIRES BLESSÉS EN AFGHANISTAN

Année	Blessés hors combat	Blessés au combat
2002*	1	8
2003	0	3
2004	5	3
2005	7	2
2006	84	180
2007	299	84
2008	187	125
2009	330	124
Total	913	529

* À partir d'avril

Blessures au combat : il s'agit de blessures liées directement au combat et nécessitant une intervention médicale ou dentaire ;

- blessures causées par des bombes artisanales, des mines, des attaques à la roquette et par le combat direct avec des forces ennemies ou des éléments terroristes ;
- blessures causées par des tirs amis lors de combats ;
- traumatisme psychologique aigu lié directement au combat et nécessitant une intervention médicale.
- Les blessures au combat ne comprennent pas les blessures causées par des accidents de la circulation, la décharge accidentelle d'une arme ou toute autre blessure accidentelle non liée au combat.

Blessures hors combat : il s'agit de blessures causées par des accidents de la circulation, la décharge accidentelle d'une arme ou de toute autre blessure accidentelle non liée au combat. On leur associe également les militaires portés malades, de même que les militaires rapatriés pour des raisons humanitaires, pour des raisons médicales et ceux qui ont repris leur service après avoir été évalués par un médecin militaire.

SOURCE : Forces armées canadiennes.

CHAPITRE 8

Les blessés, ces grands oubliés

S I LES SÉQUELLES PSYCHOLOGIQUES laissées par les missions en Bosnie sont graves, celles de l'Afghanistan le sont tout autant, sinon plus. Contrairement aux missions de maintien de la paix, celle de l'Afghanistan aura été de combattre. De nombreux soldats en sont revenus grièvement blessés et lourdement handicapés. On a beaucoup parlé des morts dans ce pays, mais beaucoup moins des blessés. Il a fallu quelques demandes d'accès à l'information pour en connaître le nombre. Depuis le début de la mission, en avril 2002, 529 militaires ont subi des blessures au combat et 913 autres l'ont été hors combat[4]. Ce qui veut dire qu'en moyenne il y a trois ou quatre blessés au combat chaque fois qu'on nous annonce un décès.

En avril 2007, deux gestionnaires du programme de soutien par les pairs et un psychologue ont publié une analyse sur le sort des soldats victimes d'une

---

4. ◀ Voir le tableau de la page précédente.

blessure physique pouvant entraîner un traumatisme psychologique et mener jusqu'au suicide[5].

« Les soldats blessés font face à des défis particuliers, dont le rétablissement de blessures graves, d'interminables hospitalisations, de multiples interventions chirurgicales et une longue réadaptation, pour ne nommer que ceux-là. En outre, ils sont souvent rapatriés seuls et se retrouvent au sein d'une famille qui a dû composer avec ses propres épreuves dues à la séparation, à la crainte pour l'être cher qui est parti, au fait d'avoir été informé de la blessure et à l'adaptation à ces nouvelles circonstances. Ces situations créent généralement un stress psychologique pour tout le monde », écrivent les auteurs du rapport, Mariane Le Beau, Kathy Darte et Juan Cargnello.

L'impression qu'on les a oubliés

Les entrevues menées par ces chercheurs ont permis d'établir que les militaires blessés et leurs familles ont souvent l'impression qu'on les a laissés tomber ou qu'on les a oubliés. Le rapatriement des blessés se fait parfois sur des vols commerciaux, sans accompagnement, ce qui suscite un sentiment d'abandon. Les familles des militaires blessés déplorent le peu de suivi dans les communications, une fois qu'on

5. *Analyse des besoins en matière de soutien par les pairs. Soldats blessés et leur famille.* Major Mariane Le Beau et Mme Kathy Darte, gestionnaire du programme SSBSO ; M. Juan Cargnello, psychologue consultant, Hôpital Sainte-Anne.

leur a appris la mauvaise nouvelle. Un peu comme les familles des Canadiens disparus en Haïti lors du séisme du 12 janvier 2010, les familles des militaires sont parfois laissées dans le noir et disent n'avoir aucune coordonnée pour obtenir des nouvelles sur l'état de leur proche blessé. « Nous aimerions avoir un numéro où appeler pour avoir plus de renseignements… Souvent, au début, nous sommes sous le choc et nous n'arrivons pas à penser. Nous avons besoin de faits. S'ils ne les ont pas, il faut nous le dire. »

Une fois de retour au pays, les blessés ont parfois de la difficulté à se débrouiller dans les dédales des services, des personnes-ressources, des indemnités et du système de santé. « Il faut se battre pour tout. Lorsqu'on s'adresse aux Anciens Combattants, on se fait dire que c'est notre unité qui doit faire ça, et l'unité nous dit que ça relève des Anciens Combattants. Ils se renvoient la balle. »

Certains vantent l'aide de leur officier désigné, d'autres se plaignent de l'avoir à peine rencontré. La recherche a aussi permis de constater que les services offerts aux blessés varient considérablement d'une région à l'autre du pays.

Bref, l'inégalité des appuis offerts aux militaires blessés ainsi que les lacunes de cette aide constituaient encore un problème au moment de la rédaction de cette analyse, plus de cinq ans après le début de notre engagement en Afghanistan. « Après tout ce que moi et ma famille avons vécu […] on a fini par avoir l'impression qu'on aurait été mieux traités si j'étais revenu au pays dans une boîte de bois en pin », a conclu un militaire.

Or, selon les experts, la reconnaissance des services rendus est essentielle à la santé physique et mentale des militaires. « La foi et la confiance lient le soldat au pays. Le fait de reconnaître leurs blessures subies au service du pays est un aspect important de leur réadaptation, de leur rétablissement, de leur acceptation et de leur qualité de vie. Beaucoup ont l'impression que l'on cache les blessés. »

Même s'il sera partiellement handicapé toute sa vie, le caporal-chef Nicolas Magnan a conservé ses deux jambes. Dans une entrevue au journal *Le Soleil*, en janvier 2010, il a déploré la lenteur du ministère des Anciens Combattants à compenser les blessés. « Ça fait deux ans et demi que j'essaie d'obtenir une compensation pour mes blessures et ce n'est pas encore réglé ! On nous fait aller d'appel en appel, et le ministère ne respecte même pas les délais qu'il fixe lui-même. » Photo : Jean-Marie Villeneuve, *Le Soleil*.

CHAPITRE 9

Le désespoir et le suicide

L E MESSAGE DE CINQ PAGES est écrit à la main, en lettres détachées. Des lettres bien formées dans les deux premières pages, mais de plus en plus illisibles au fur et à mesure que l'auteur s'enfonce dans le désespoir.

«J'ai toujours eu des rapports de rendement hors pair. Tout a basculé en 93, en Bosnie-Herzégovine.

J'ai perdu ma femme, ma fille à cause du SSPT.

J'ai perdu mon emploi.

J'ai perdu les liens familiaux (père, mère, sœur, frères).

Interdiction d'aller chez mes parents.

Je souffre d'une dépression majeure, de flash-backs réguliers, pertes de mémoire, claustrophobie, peur de sortir de chez moi, je m'isole, suicide cette année. »

L'auteur passe à ses problèmes financiers : il a tenté en vain de retourner sur le marché du travail, il se fait traiter de fou, devient très violent. Il est incapable de rembourser ses dettes, se sent dépassé par les événements, débordé, incapable de se prendre en main, et a demandé en vain d'être hospitalisé.

Il est furieux : « Avant de m'enlever la vie, y en a qui vont payer pour ça, ça je vous le jure, si y a pas d'amélioration, ça va brasser en tabarnak. »

« Les faibles et les tapettes, j'ai pas besoin de ça »

Ce n'est pas tout le monde qui atteint ce niveau de désespoir. Mais tout le monde, au sein des Forces armées, connaît quelqu'un qui s'est enlevé la vie ou qui a tenté de le faire.

Bob Danis, l'un des coordonnateurs québécois du soutien par les pairs, connaît bien les situations qui risquent de mener au suicide. Il a failli y laisser sa vie.

Après son retour de Bosnie, en 1996, il a demandé de l'aide psychologique. À l'époque, les dossiers de cette nature n'étaient pas traités confidentiellement. « Le commandant pouvait voir votre dossier au 2e étage », raconte-t-il, le deuxième étage étant l'endroit où sont situés les locaux des services de santé des militaires à Valcartier. Appelé à s'expliquer par son officier supérieur, il s'est fait dire que c'était « mal vu, dans les Forces », d'avoir recours aux psychologues. « Les faibles et les tapettes, j'ai pas besoin de ça dans les unités de combat », lui a lancé son commandant. En sortant du bureau, Bob Danis a cherché en vain du réconfort auprès d'un autre officier. Il s'est fait répondre que c'est le commandant qui était le patron !

De retour chez lui, en début de soirée, il s'est d'abord occupé de ses enfants, pour descendre ensuite au sous-sol. Il a chargé son arme et s'est mis le canon dans la bouche. C'est son fils qui a évité le drame en lui criant qu'il avait faim. «Je me suis retrouvé en larmes. Imagine, ce sont mes deux gars qui m'auraient trouvé dans le sous-sol…»

Bob Danis est sorti des Forces armées en novembre 2003. Il éprouve encore des difficultés liées à ses missions, mais il œuvre à temps plein au sein du Service de soutien pour les blessures de stress opérationnel (SSBSO), le programme des pairs mis sur pied pour venir en aide aux militaires en difficulté.

Il reconnaît que les mentalités ont beaucoup changé au sein des Forces armées et que de nombreux efforts ont été déployés pour prévenir les blessures de guerre et porter secours à ceux qui en souffrent. Mais il voit tous les jours des signes évidents des multiples difficultés vécues par les anciens combattants, tout particulièrement chez les blessés.

«Ce qu'on voit le plus souvent, c'est le jeune qui marche sur une mine et qui se fait amputer une jambe, parfois deux, raconte Bob Danis. Lorsqu'il revient ici, il est très bien encadré. On l'envoie au Centre François-Charron pour des prothèses, et un officier désigné le prend en charge. On s'occupe de tous les détails, la famille, les fleurs, la chambre, le transport, les suivis et les rendez-vous. Ça peut durer ainsi de trois à six mois, selon la nature des blessures. Mais, à un moment donné, l'encadrement prend fin.

Le jeune a 23 ans et il vient de se rendre compte qu'il lui manque une jambe. Il comprend qu'il ne sera plus capable de courir, de faire du sport et de faire sa job qu'il aimait. C'est là que la blessure de stress opérationnel va embarquer. Et c'est là, parfois, qu'il va penser au suicide, parce que tout vient de tomber autour de lui. »

« Il nous disait que tout allait bien... »

Linda Lagimonière, la mère d'un militaire blessé au combat, a vécu ce drame dans toute son intensité. Lorsque son fils, Frédéric Couture, est revenu à la maison amputé d'une jambe, on ne lui a pas dit qu'il avait tenté de s'enlever la vie avec son arme sur les lieux mêmes de l'explosion de la mine artisanale le 16 décembre 2006. Une enquête menée par la journaliste Cathy Senay, de Radio-Canada, a conclu à l'existence d'un pacte de suicide entre certains militaires qui préfèrent revenir dans un cercueil plutôt qu'handicapés. Une vidéo tournée dans les minutes suivant l'explosion qui a blessé Frédéric Couture, diffusée par Radio-Canada, montre clairement que le soldat a tenté de s'enlever la vie avec son arme de service. Ses collègues l'en ont empêché. Il a été ramené au Canada à la fin de décembre. Le 14 novembre suivant, il a mis fin à ses jours après avoir laissé une lettre à sa mère expliquant qu'il n'acceptait pas de vivre aussi diminué physiquement.

« Il nous disait que tout allait bien », raconte Linda Lagimonière, dont le fils, Frédéric Couture, a perdu une jambe en Afghanistan, le 16 décembre 2006. Moins d'un an plus tard, il s'est enlevé la vie. Il ne pouvait accepter son handicap. Photo : courtoisie de la famille.

Frédéric Couture et sa mère, Linda Lagimonière, avant le départ pour l'Afghanistan. Photo : courtoisie de la famille.

Basé à Valcartier, c'est chez sa mère à Roxton Pond qu'il était retourné vivre à son retour au Québec à la fin de décembre 2006. Il a été traité à l'Hôpital général de Montréal et a eu sa première prothèse au mois de mai. Comme la plupart des militaires, il n'a jamais parlé à ses parents de sa mission en Afghanistan et encore moins de l'explosion de la mine artisanale qui l'avait handicapé pour la vie. « Il nous disait que tout allait bien », raconte aujourd'hui sa mère. Il voyait ses amis et il marchait très bien avec sa prothèse. Comme les autres blessés, il a eu droit aux services d'un officier désigné qui l'a accompagné dans ses démarches. Mais, contrairement aux procédures prescrites par l'armée, il n'a pas eu de soutien psychologique. On ne lui a même pas demandé de remplir le questionnaire auquel sont soumis les militaires de retour de mission, et qui vise à établir leur état de santé mentale.

Avant son transfert au Nunavut, l'officier désigné qui l'accompagnait aurait expliqué aux parents de Frédéric Couture qu'il avait fait les démarches nécessaires, mais qu'il n'avait pas eu de réponse de la part des autorités.

Frédéric Couture a-t-il été victime d'une faille dans le système? Est-il un cas d'exception au sein d'une grosse organisation? C'est possible. Il aurait peut-être bénéficié d'un suivi plus serré s'il avait habité près de Valcartier, où il était basé avant son départ pour l'Afghanistan.

Les recommandations provisoires faites à l'état-major à la suite de ce décès donnent à penser que l'armée reconnaît que, dans ce cas précis, on aurait pu faire mieux.

On demande notamment:

- que les blessés rapatriés au Québec soient suivis par le Centre de santé de Valcartier qui a les ressources et l'expertise pour traiter ce genre de traumatisme;
- que les soins fournis aux blessés soient les mêmes dans tous les centres de santé des Forces canadiennes;
- qu'une évaluation en santé mentale soit effectuée pour tous les militaires blessés par une équipe militaire, et qu'un suivi soit obligatoire;
- que le militaire soit sensibilisé à l'importance de permettre à son plus proche parent et à la chaîne de commandement d'avoir accès à son dossier médical, ce qui n'est pas le cas actuellement à cause de la Loi sur la protection des renseignements personnels.

Controverse sur les chiffres

Les lacunes constatées dans le passé sur la prévention du suicide se doublent d'une controverse sur l'importance de ce phénomène. Le 2 mars 2010, un communiqué de presse de la Défense nationale a fait valoir que le taux de suicide « mesuré par tranches de cinq ans » dans la Force régulière a généralement diminué depuis 1995[6].

Mais les chiffres officiels ne donnent qu'une image partielle de la situation. Ils n'incluent pas tous les militaires de la réserve, même si 14 % des soldats déployés à Kandahar sont des réservistes. De plus, le doute persiste sur la validité des statistiques officielles. Ils sont nombreux à soutenir que ces chiffres ne concernent que les militaires qui s'enlèvent la vie lorsqu'ils sont en service.

Une étude du major Michel Sartori, qui a fait sa thèse de doctorat à l'Université Laval sur le suicide des militaires, soutient que 36 d'entre eux se sont enlevés la vie en 2007. C'est plus du double que le nombre de 16 relevé dans les statistiques officielles des Forces armées. Les porte-parole de la Défense nationale nient ces données avec véhémence. Ils soutiennent que les chiffres obtenus par le major Sartori portent sur tous les décès survenus chez les militaires actifs, et non pas seulement les suicides.

---

6. Voir les tableaux A et B aux pages 89 et 90.

L'ombudsman des Forces armées, Pierre Daigle, est également insatisfait des chiffres sur le suicide : « Selon moi, les statistiques ne sont pas complètes. Parce que, si vous n'êtes pas à l'intérieur d'un établissement ou d'un environnement militaire au moment du suicide, vous devenez un inconnu. »

S'il est un point sur lequel tout le monde s'entend, cependant, c'est le manque de données fiables sur le suicide des militaires à la retraite. Or, c'est dans ce groupe que l'isolement rend les personnes souffrant du syndrome de stress post-traumatique les plus vulnérables.

Ainsi, le rapport du coroner sur le suicide de l'ancien caporal-chef Éric Langlois, qui s'est enlevé la vie en avril 2008 à l'âge de 38 ans, souligne que la Défense nationale et les Anciens Combattants n'avaient pas été informés de ce décès. Le général Roméo Dallaire, lui-même victime de traumatisme après sa mission au Rwanda, estime que presque tous ses collègues ont été affectés psychologiquement : « Il y en a un qui s'est enlevé la vie l'an passé… 14 ans après », a-t-il révélé en mars 2010 sur les ondes de Radio-Canada. Ceux qui se suicident à cause de cette blessure psychologique comptent autant que ceux qui sont tués sur le champ de bataille[7]. »

À Ottawa, le comité des Anciens Combattants a décidé de mener une étude sur cette situation.

---

7. Société Radio-Canada, le 12 mars 2010.

Niveau de risque et suicide

Les missions de combat ont-elles un lien direct avec le suicide? Pas nécessairement, a conclu en 2009 une étude publiée dans le *Journal canadien de psychiatrie* par Mme Shay-Lee Belik, de l'Université du Manitoba. Elle constatait toutefois que le risque doublait si le soldat avait été témoin d'atrocités, ce qui a été le cas pour les militaires déployés en Bosnie. Le risque quadruplait chez ceux qui ont tué ou blessé quelqu'un intentionnellement, ce qui est le cas pour les vétérans de l'Afghanistan.

Mais l'étude de Mme Belik ne portait que sur les soldats encore en service et n'incluait pas les vétérans. Or, en 2007, une étude américaine a montré que le risque de suicide était deux fois plus élevé chez les vétérans que dans le reste de la population. D'autres études aux États-Unis ont établi un lien entre les risques associés aux missions, selon le niveau d'engagement des soldats. Ainsi, le risque de syndrome post-traumatique passait de 4,5 %, pour les militaires qui avaient servi en Irak sans tirer un coup de feu, à 9,3 % chez ceux qui avaient été impliqués dans une ou deux fusillades, et à 19,3 % pour plus de cinq fusillades[8].

Au Canada, des documents internes des Forces canadiennes obtenus par les médias en 2008, à la suite du suicide de la major Michelle Mendes,

---

8. *La Presse*, 26 février 2009.

indiquent que 4 % des soldats de retour de Kandahar éprouvaient alors des tendances suicidaires, alors que 4,6 % montraient des symptômes de dépression majeure. En tout, on calculait alors que près de 15 % des soldats revenant de Kandahar souffraient d'un problème de santé mentale.

TABLEAU A

Taux de suicide chez les hommes servant dans la Force régulière de 1995 à 2009 (excluant les réservistes)

Année	Nombre d'hommes dans les FC	Nombre de suicides chez les hommes servant dans les FC	Taux de suicide chez les hommes servant dans les FC par 100 000
2009	56 833	11	19,35
2008	55 627	13	23,37
2007	54 673	9	16,46
2006	53 985	7	12,97
2005	53 321	10	18,75
2004	53 522	10	18,68
2003	53 752	9	16,74
2002	52 326	9	17,2
2001	51 008	10	19,6
2000	51 864	12	23,14
1999	53 134	10	18,82
1998	54 485	13	23,86
1997	55 041	13	23,62
1996	57 608	8	13,89
1995	62 597	12	19,17

Il n'y a eu aucun suicide chez les femmes militaires entre 1995 et 2001 ; il y en a eu un en 2002, deux en

2003, aucun en 2004 et en 2005, un en 2006, un en 2007, un en 2008 et deux en 2009.

TABLEAU B

Nombre de suicides chez les militaires des Forces canadiennes de 2002 à 2009 (incluant les réservistes de classe B et de classe C)

Année	Nombre de suicides
2009	16
2008	15
2007	10
2006	9
2005	10
2004	11
2003	11
2002	12

Les réservistes de « classe B » servent à temps plein au Canada tandis que les réservistes de « classe C » sont déployés lors d'opérations. Les réservistes de « classe A » ne sont pas inclus dans les chiffres du tableau B parce que les données que possèdent les FC à ce chapitre sont insuffisantes.

CHAPITRE 10

La guerre des femmes

CENTRE DE LA FAMILLE DE VALCARTIER, le 13 mai 2010.

« Je comprends que le post-traumatique, c'est la saveur du mois. Mais nous aussi on en a des blessures et on ne peut pas en parler. Le chagrin qu'on a eu ce soir-là, ou le fait qu'il n'était pas là à ton anniversaire. Des trucs comme ça. Ça ne reviendra pas. »

Mélanie Fournier a rassemblé cinq autres femmes au Centre de la famille Valcartier pour raconter la vie des conjoints. Présidente du conseil d'administration de l'organisme, elle est femme de militaire. Elle connaît les bons comme les mauvais côtés de la vie des conjoints.

Pour Mme Fournier : « J'ai mes blessures et je sais qu'il a les siennes. Je sais aussi qu'elles sont plus dures que les miennes. Il a vu des choses que je ne voudrais pas voir. Mais, pour nous, c'est six mois de notre vie qu'on passe sans notre conjoint lorsqu'il part en mission. Comment tu lui racontes ça ? À part trois ou quatre photos de vacances à lui montrer, il n'y a rien à faire. C'est fini. Ce que j'ai vécu ici, il ne pourra jamais le comprendre. »

Mère de trois enfants, Mélanie Fournier connaît bien la routine des femmes de militaires lorsque leur conjoint est en mission, ou même avant son départ. « Ça veut dire gérer les rendez-vous, gérer les travaux scolaires, gérer la laveuse qui fait défaut etc. [...] Il n'est pas encore parti que, déjà, on est en mode célibataire monoparentale. » Photo : courtoisie Mélanie Fournier.

Mariée mais monoparentale…

Danielle Lacroix devait accoucher la journée du départ de son conjoint. Le bébé s'est présenté prématurément trois mois avant le temps, mais le père a dû partir quand même. Elle a vécu trois mois difficiles, partagée entre son bébé à l'hôpital et sa fille de 4 ans à la maison.

Les départs et les retours sont toujours des moments très intenses. Mais les photos ne montrent pas tout. En l'absence de son mari, Danielle Lacroix a vécu trois mois difficiles, partagée entre un bébé né prématurément et sa fille de 4 ans à la maison. Photo : courtoisie Danielle Lacroix.

« Mon bébé s'est étouffé avec un médicament à l'hôpital. Il a fallu 4 minutes pour la réanimer. Elle ne respirait plus, elle était complètement bleue. Je me sentais tellement seule que j'ai appelé la présidente de l'Association des prématurés pour lui dire que je n'avais personne à qui me confier. Mon mari l'a appris deux semaines plus tard… Il a fait sa guerre, mais moi aussi j'ai fait la mienne. »

Annie Leblanc, dont le conjoint est actuellement en Afghanistan pour 11 mois, vit une tout autre difficulté. Comment éviter que son jeune bébé, qui n'avait que 10 mois au début de la mission, ne perde le souvenir de son père ? « Ma difficulté, c'est d'essayer de garder son père en vie. Tu lui montres une photo : c'est papa, tu lui montres une vidéo : c'est papa. Tout ça pour qu'il n'ait pas peur et se mette à pleurer quand il le reverra à l'aéroport, pour ne pas qu'il se sauve lorsque son père voudra le prendre. »

« Regarde-toi aller ! »

Aucune de ces femmes n'est aux prises avec un cas grave de traumatisme chez leurs conjoints. Mais la guerre les a tous marqués, à différents degrés.

« Entre eux, ils disent tout le temps : arrêtez ça vos histoires de post-traumatique, raconte Caroline Lamothe. C'est plate, mais c'est nous qui devons leur dire : "regarde-toi aller"… »

Son mari a fait la Bosnie. Il lui a raconté être entré dans une école où tous les enfants avaient été assassinés. « Au retour, il était plus sec, même bête parfois. Un moment donné, il a fallu que je lui dise que je n'étais pas ses chums d'armée et que, s'il n'allait pas bien, il devait consulter. »

Mélanie Fournier avance pour sa part : « Il ne faut pas leur dire que ça va mal à la maison, parce que ça va les affecter dans leur mission. Mais, eux, ils ont le droit de nous dire que ça ne va pas bien.

Ça va juste nous affecter dans notre travail, mais ce n'est pas grave… »

Dans sa bulle

S'il est un point qui fait l'unanimité chez ces femmes, c'est l'absence de leur conjoint, même quand il est là… Habituées aux longues missions à l'étranger précédées de périodes d'entraînement à l'extérieur, les femmes de militaires ne peuvent compter que sur elles-mêmes à la maison.

Mélanie Fournier dit : « La préparation au départ est longue. Alors, assez rapidement, on se met en mode de marche côte à côte et on ne se rejoint plus : il est dans sa bulle, on est dans la nôtre. Il n'est pas encore parti que déjà on est en mode célibataire monoparentale. Il est encore avec toi, mais tu ne peux pas lui confier de tâches parce que tu es certaine que ça ne se fera pas. Il est dans sa bulle. Il n'est pas parti, mais il n'est pas là. »

Le même problème se pose au retour. Caroline Lamothe raconte : « Au début, quand il revient, tu n'as pas besoin de lui. Il te voit aller, ça fait six mois que tu t'arranges toute seule. Tu le mettrais dans un garde-robe et ça irait très bien… Quand mon mari est revenu de Bosnie, il m'a dit : "moi, au fond, je sers à quoi, ici ?" »

« Ça fait presque six mois que le mien est revenu mais il n'est pas encore tout à fait là, renchérit Mélanie Fournier. Je ne peux pas encore lui dire :

"Ça, c'est ton dossier, c'est toi qui gères les changements d'huile, mon amour". »

La fatigue

Les femmes trouvent difficile d'avoir toute la responsabilité de la maisonnée, mais elles n'ont guère le choix. Pour Diane Adams, « quand on est deux à la maison, maman peut faire la douce avec les enfants et papa peut mettre les points sur les i. Mais, quand on est tout seul, il faut jouer les deux rôles. Souvent on est fatigué et c'est difficile de faire les deux, d'être la GO en fin de semaine pour les activités, et le boss en semaine pour les devoirs, les couchers et la routine ».

Mélanie Fournier renchérit : « Ça veut dire gérer les rendez-vous, gérer les travaux scolaires, gérer les changements d'huile, gérer la laveuse qui fait défaut, gérer la toilette qui déborde, le gazon à tondre, la comptabilité, la santé… Tu fais l'épicerie, mais si tu manques de lait, tu ne peux pas partir le soir à 9 h pour aller en chercher parce qu'il n'y a personne pour garder les enfants. »

L'inquiétude

Et puis il y a la guerre et l'incertitude liée à la guerre. Malgré l'amélioration des communications avec leur conjoint parti à l'étranger, les femmes vivent constamment dans la crainte de voir un véhicule noir s'arrêter devant leur porte avec la mauvaise nouvelle… Elles vivent près de leur cellulaire, dans l'attente des nouvelles qui se font parfois attendre. L'une d'entre elles a même enguirlandé son voisin qui venait de s'acheter une voiture noire et l'avait stationnée devant sa maison, sans la prévenir. L'autre a dit sa façon de penser à un officier qui lui a téléphoné à une heure tardive, pour l'informer d'un événement à venir. Un coup de fil tardif qui lui a fait craindre le pire.

Le conjoint de Caroline Lamothe était à un poste d'observation avancé en Afghanistan. Le téléphone-satellite, plus ou moins fiable, était le seul moyen de communication au début. « Il était tellement souvent parti en mission qu'on avait des appels seulement une fois la semaine. À une occasion, il a fallu attendre 10 jours. »

Danielle Adams, dont le conjoint travaillait dans une équipe de démineurs, a vécu des semaines complètes sans avoir de ses nouvelles. L'une de ces équipes a perdu un homme pendant la mission de son mari. De son côté, elle a vu le film *Le démineur*. « Heureusement que je ne l'avais pas vu avant qu'il parte… »

La plupart d'entre elles connaissent des femmes de militaires qui ont perdu leur conjoint dans le conflit en Afghanistan. Ce stress, déjà difficile à gérer, est parfois amplifié par les appels téléphoniques de la famille proche ou les remarques des amis ou des connaissances.

Caroline raconte : « Il faut composer avec la famille extérieure : la mère du militaire, son frère ou sa sœur qui appellent pour te dire… "Y a un soldat canadien qui est mort, est-ce que ton mari le connaissait ?" »

Danielle a vécu la même chose pendant qu'elle veillait sur son bébé à l'hôpital. L'annonce du décès d'un homonyme de son mari a amené les questions habituelles. « Quand ça fait 50 fois dans la journée que tu dis que non, ce n'est pas le mien, c'est difficile à vivre. »

Les femmes n'aiment pas être prises en pitié, se faire dire : « Comment tu fais ? » Elles sont aussi parfois blessées par les commentaires de gens qui remettent en question la présence canadienne en Afghanistan.

« Ce que je trouve également difficile, c'est quand les gens viennent te voir pour te dire qu'on n'a pas d'affaire là en Afghanistan, que ce n'est pas notre guerre, raconte Caroline. Je sais que ce n'est pas notre guerre, mais, si mon mari a le goût d'aller là-bas pour aider les gens, c'est son choix. »

Le bonheur malgré tout

« Vous avez oublié de nous poser une question… a lancé Mélanie Fournier, à la fin de cette rencontre. Est-ce que nous sommes heureuses ? » La plupart d'entre elles ont alors fait l'éloge de la vie militaire. « On l'a choisie ensemble… on savait dans quoi on s'embarquait… je ne le verrais pas faire autre chose… c'est un don de soi extraordinaire… c'est une aventure que tu vis en couple ou en famille, c'est fait de grandes joies et de grandes peines. »

Une seule d'entre elles a émis des réserves : « J'ai choisi mon chum, mais je n'ai pas choisi son métier. » Il ne fait aucun doute que les relations de couples sont mises au défi par ce genre de carrière. « Je ne reconnais plus mon mari », confient bien des femmes de militaires une fois passée l'euphorie du retour de mission.

L'ombudsman des Forces armées, Pierre Daigle, en fait également le constat. « Je vois de plus en plus de familles qui souffrent énormément. » M. Daigle explique que, malgré tout le travail fait pour encourager les soldats à demander de l'aide, beaucoup d'entre eux n'admettent pas qu'ils sont malades parce qu'ils craignent d'être déclarés inaptes à servir. Or les familles sont les premières victimes de cette situation, surtout lorsque le militaire refuse d'aller chercher de l'aide.

Comme tous les participants à la Criée d'automne, Roméo Dallaire
a été très ému par la chanson interprétée par le jeune Vincent
Chouinard. Il lui en a fait part personnellement. Photo : Centre de
la famille Valcartier.

CHAPITRE II

La guerre des enfants

VALCARTIER, LE 24 OCTOBRE 2009. Le jeune Vincent Chouinard s'installe au piano devant les 700 personnes qui participent à la Criée d'automne 2009. En moins d'une minute, on n'entend plus un bruit dans l'auditoire. L'émotion est palpable, les gorges sont nouées, les larmes sont tout près…

Si j'étais soldat comme toi, papa,
J'irais jusqu'au bout du monde avec toi,
Je te suivrais dans tes missions,
J's'rais ton plus fidèle compagnon,
J'te protégerais, j's'rais courageux, j's'rais ton héros,
Comme tu l'es pour moi, papa.

Mais je suis là, sur mon banc d'école,
Je r'garde dans l'vide, pis j'pense à toi.
Parfois j'ai peur, parfois je pleure,
Mais je l'montre surtout pas.
Faut pas qu'maman voie ça. Faut que j'sois fort,
Fort comme toi, papa.

Maudite guerre,
Maudite misère,
Je compte les jours,
Avant ton r'tour,
Maudite guerre,
Maudite misère,
Promets-moi que tu r'viendras,
Pis qu'jaurai toujours un papa.

Quand j'ferme les yeux avant d'dormir,
Je passe en r'vue tous mes souvenirs.
T'es toujours là à mes côtés
Avec plein d'choses à m'raconter.
On rit, on joue, maman est heureuse.
Maintenant, sans toi, elle est sérieuse.
Mais t'inquiète, je veille sur elle,
Pis j'oublie pas d'y dire qu'est belle.

Tu vois papa, je reste fort,
J'te l'ai promis, juré à mort.
Mais pardonne-moi si d'temps en temps
J'me sens petit, j'me sens enfant.
Te dire que j'taime, que j'm'ennuie d'toi,
Que j'sens un vide quand t'es pas là,
Que tout est triste autour de moi.

Maudite guerre,
Maudite misère,
Je compte les jours,
Avant ton r'tour,
Maudite guerre,
Maudite misère,
Promets-moi que tu r'viendras,
Pis qu'j'aurai toujours un papa.

Vincent Chouinard n'est pas un fils de militaire. Il a composé la musique sur des paroles de la chanteuse Natalie Choquette, qui anime depuis trois ans le spectacle de la soirée-bénéfice au profit du Centre de la famille Valcartier. Mais le texte de la chanson va droit au cœur de tous les militaires. Ils savent à quel point leur absence est dure pour leur famille, à quel point la crainte de ne pas les revoir peut traumatiser leurs enfants. Ils savent à quel point ils ne pourront pas récupérer tous ces mois de mission passés à des milliers de kilomètres de leur famille.

«Deux ou trois semaines avant mon départ pour l'Afghanistan, mon fils de 13 ans a commencé à faire de l'anxiété, raconte l'un d'entre eux. Comprenant que je devais partir, il a commencé à s'inquiéter chaque fois que sa mère quittait la maison. Il ne voulait pas perdre sa mère en plus. C'était rendu au point où il partait derrière elle en bicyclette quand elle allait faire des courses en auto. Il essayait de la suivre. L'anxiété l'a suivi jusque dans son parcours scolaire. Il a fallu faire appel à des soins spécialisés.»

Pour les enfants, la guerre signifie les communications à distance avec leur père, et parfois leur mère. Ces communications, beaucoup plus efficaces grâce à Internet, ne remplaceront toutefois jamais la présence à la maison. Photo : Mélanie Fournier.

Pas de bulletins de nouvelles

Les enfants des femmes rencontrées au Centre de la famille de Valcartier (chapitre précédent) ont généralement bien vécu l'absence de leur père. Mais les mères ont pris des précautions pour leur éviter des mois d'angoisse.

Les enfants de Diane Adams avaient 5 et 7 ans pendant la mission de leur père en Afghanistan. Ils n'avaient aucune idée des dangers de cette mission et n'avaient pas accès aux bulletins de nouvelles. « Ils savaient où se trouvait leur père, mais on leur avait dit qu'il était là pour aider les gens. » D'ailleurs, les enfants ont participé à une activité de collecte de fonds à l'école pour acheter des souliers aux enfants là-bas.

Mélanie Fournier, qui a trois enfants, a trouvé l'aide nécessaire dans les activités des clubs Mirage

André Rondeau et ses trois enfants, Angélique, Frédérick et Élizabeth, au départ de Valcartier pour l'Afghanistan. Photo : Mélanie Fournier.

et Oasis, mis sur pied à Valcartier pour préparer les enfants aux missions et les accompagner pendant l'absence du parent. Les professeurs de l'école avaient reçu une séance de formation pour aider les enfants à vivre cette période.

Danielle Lacroix fermait également le téléviseur pendant les bulletins de nouvelles. «Je ne voulais pas que ma fille voie l'uniforme… il suffit parfois d'une seule image pour les inquiéter.»

Composer avec les décès

Pour les enfants de Caroline Lamothe, âgés de 9 et 11 ans, la dernière mission a été plus difficile. Ils ont appris le décès d'un militaire dont les enfants partageaient la même école. «Avant le décès, ça allait super bien, raconte-t-elle. Mais, pendant un bon trois semaines, ils me disaient que ça aurait pu être leur papa. Je ne savais plus quoi leur dire. »

Finalement, elle les a amenés rencontrer une intervenante du programme Oasis qui les a rassurés. « C'est comme s'ils avaient eu besoin de se faire dire par quelqu'un d'autre ce que je leur disais moi-même, à savoir que oui il y avait du danger, mais pas tous les jours. »

Mélanie Lamothe n'a pas interdit les bulletins de nouvelles à ses filles de 4 et 6 ans pendant la dernière mission de son mari. « Je me disais que si elles n'apprenaient pas ce qui se passait avec moi, elles finiraient par l'apprendre avec quelqu'un d'autre. Lorsque la plus vieille écoutait une nouvelle sur la mort d'un militaire, elle me regardait. Si je me mettais à pleurer, elle se mettait à pleurer elle aussi. »

Là comme ailleurs, c'est l'attitude des parents qui conditionne la réaction des enfants. Mais, de façon générale, les femmes estiment que les enfants s'adaptent bien à la vie militaire de leurs parents s'ils sont bien encadrés. « Les enfants retombent sur leurs pieds beaucoup plus rapidement que nous, conclut Caroline. Après le départ du père, ils pleurent une journée, mais ils nous prennent en modèle. Si la femme s'écrase, c'est sûr que les enfants vont aller mal. Mais, s'ils constatent que tu vas bien, il n'y aura pas de problème. »

CHAPITRE 12

De retour d'Afghanistan

V ALCARTIER, LE 18 NOVEMBRE 2009. De retour d'Afghanistan depuis une semaine, une soixantaine de militaires prennent place dans un amphithéâtre sur la base militaire de Valcartier. Ils participent à un projet-pilote visant à les prémunir contre les blessures de guerre.

« Vous allez avoir une idée de ce qui s'en vient au lieu d'apprendre six mois plus tard ce qui vous est arrivé », leur explique le sergent Christian Roy, un militaire d'expérience qui a servi notamment en Bosnie où il a été pris en otage à deux reprises. Il raconte qu'il lui a fallu des mois avant de se confier à sa femme.

Les militaires se retrouvent dans ses propos. Ils sont nombreux à réagir à l'extrait d'une vidéo montrant la saute d'humeur d'un soldat de retour dans son milieu familial. L'homme fait une crise de colère à l'endroit de ses deux jeunes garçons qui se chamaillent autour de la table de cuisine.

— Jeff, qu'est-ce qui ne va pas ?, s'inquiète sa femme.

— C'est pas moi le problème, c'est vous autres, tonne le mari.

Puis, le téléphone sonne : un collègue l'invite à une randonnée en VTT. «À matin, les enfants m'énervaient tellement, c'était épouvantable», raconte-t-il à son ami, avant de se lancer à pleine vitesse à bord de son bolide. C'est l'évasion du quotidien et la recherche de la même adrénaline qu'il a connue en zone de guerre…

«Comme si on était cancéreux»

Retour à l'auditoire. Les commentaires sur la réaction du soldat aux questions de sa femme sont nombreux. Les militaires n'aiment pas voir leur conjointe s'apitoyer sur leur sort ou tenter de connaître les difficultés vécues sur le terrain.

— Quand on revient, on a l'impression de se faire parler comme si on était cancéreux, se plaint un soldat.

— On a été tranquilles là-bas pendant six ou sept mois, raconte un autre, mais, tout à coup, voilà ta femme qui veut entrer dans ta bulle.

— La seule chose qu'elle veut, c'est se faire dire que j'ai besoin d'aide, estime un troisième soldat.

— De toute manière, elle ne peut pas comprendre comment ça nous affecte, conclut un quatrième. Il fait valoir que, s'il raconte tout ce qui lui est arrivé à son épouse, elle sera encore plus inquiète la prochaine fois qu'il partira en mission.

La psychologue Christiane Routhier entre en scène. Elle leur dit que les réactions d'impatience ou de colère illustrées dans la vidéo sont normales au retour d'une zone de combat. «Un militaire sur trois risque de paniquer dans les lieux publics ou de les fuir. Pendant votre mission, vous avez été hyper vigilants. Lorsque vous revenez, votre mémoire peut ne plus faire la distinction entre l'Afghanistan et ici», avance-t-elle.

Elle explique que la réaction la plus courante est de dire qu'on n'a pas de problème : «Je ne suis pas malade. Tout ce que je veux, c'est être capable de dormir. »

Les militaires comprennent qu'il faut consulter au lieu d'attendre que les blessures opérationnelles deviennent trop lourdes à porter. Mais l'orgueil les en empêche trop souvent. Il n'y a pas de place pour les faibles dans l'armée : «On se sent forts, on a quelque chose à donner. C'est pour ça qu'on est entrés dans l'armée», explique l'un d'entre eux.

Certains font valoir qu'il est mal vu d'avoir un congé de maladie à cause d'une blessure opération- nelle. «Moi, j'ai eu deux mois de congé, et ça été perçu comme si j'étais une moumoune. »

Le sergent Roy reconnaît qu'il peut y avoir des profiteurs dans le système qui ternissent la réputa- tion des autres. Mais il pose une question à l'assis- tance : est-ce qu'il y en a dans le groupe qui n'ont pas de flashbacks? Seulement deux personnes lèvent la main.

Bâtir sur le traumatisme

La psychologue Routhier reprend la parole. Elle explique qu'il faut savoir bâtir sur le traumatisme causé par le combat au lieu de se sentir diminué.

Elle cite en exemple l'entraînement donné aux membres du corps d'élite de l'armée américaine qui vise à pousser les militaires jusqu'à leurs limites afin de leur faire vivre les symptômes du stress post-traumatique. Ceux qui surmontent ce stress en sortent plus forts et sont considérés comme des élites mondialement reconnues, explique-t-elle, alors qu'ici la réaction est plutôt de la pitié : « Pauvre petite bête… »

« Ce n'est pas le problème en soi qui pose le plus de difficultés, c'est ce qu'on en pense, ajoute-t-elle. Si je pense que ça va me rendre plus fort, je vais m'en sortir. Mon estime de moi va augmenter. Les militaires vont devenir plus forts si le milieu change sa mentalité. Autrement, ils seront perçus comme des faibles. »

Les médias ont leur part de responsabilité dans cette perception des blessures opérationnelles. Ils ont tendance à insister sur les échecs comme les suicides. Mais la réponse doit venir des militaires.

La psychologue Routhier va plus loin : les guerres modernes sont différentes des conflits traditionnels qui opposaient un pays à un autre. Elles sont devenues des guerres irrégulières qui comportent une très forte composante psychologique. Elle donne en exemple le cas du terrorisme et de l'Afghanistan, des guerres psychologiques auxquelles on a apporté une réponse militaire. « Les F-18 ne sont plus suffisants. Il faut renforcer la capacité psychologique de nos soldats. »

La vidéo se termine sur un témoignage de l'adjudant-chef Pierre Marchand. Il invite les militaires à demander de l'aide dès les premiers signes de blessures opérationnelles. « Sur le champ de bataille, on ne laisse jamais un gars tout seul », conclut-il, pour illustrer l'importance d'avoir le même comportement au retour de mission.

Pour la psychologue Christiane Routhier, la véritable blessure de stress se loge dans la mémoire et mène à une perte de maîtrise de la mémoire. À titre d'exemple, le bruit d'une porte qui claque devient parfois associé à celui d'un bombardement. Photo : Érick Labbé, *Le Soleil*.

CHAPITRE 13

La prévention et la guérison

Résilience : Psychol., Capacité à vivre, à se développer, en surmontant les chocs traumatiques. (*Le Petit Robert*)

Auparavant rattachée au Service de santé mentale de la base de Valcartier, la psychologue Christiane Routhier a été chargée de la conception et de la direction du Programme d'entraînement à la résilience militaire (PERM).

Elle a un double défi : convaincre les militaires d'aller consulter lorsqu'ils sont victimes d'un traumatisme, tout en dédramatisant ces mêmes traumatismes. « Selon moi, le diagnostic de SSPT est surdramatisé, explique-t-elle. L'importance qu'on accorde à cela ne correspond pas à la réalité. On devrait accorder beaucoup plus d'importance à la dépression, aux phénomènes reliés à l'alcool, à la drogue ou à l'épuisement professionnel. »

Mme Routhier insiste néanmoins sur la nécessité de demander de l'aide : plus vous attendez avant de consulter, plus c'est compliqué. Elle compare les blessures psychologiques aux problèmes physiologiques. « Si vous avez mal à un talon, vous modifiez probablement votre façon de marcher en vous appuyant davantage sur votre autre pied et vous créez ainsi un autre problème : un surpoids sur le pied en bon état qui pourra avoir des répercussions jusque sur votre colonne vertébrale. Au lieu de régler le problème, vous en créez un autre. C'est la même chose en santé mentale. »

Dans plusieurs cas, explique-t-elle, les traumatismes simples qui sont traités dès le début peuvent être réglés après six ou sept consultations, alors que cela peut prendre un an ou deux lorsque l'intervention arrive plus tard.

Mme Routhier insiste sur la différence entre la normalité et le traumatisme : « Beaucoup de militaires confondent le flashback avec le fonctionnement normal de la mémoire. C'est normal de se souvenir. Pour apprendre quelque chose, il faut être capable de se souvenir ; la mémoire doit être en bon état. S'il fallait que vous ne vous souveniez pas, vous seriez incapables d'apprendre. Les souvenirs que vous ramenez d'une mission sont souvent pénibles. Est-ce que c'est ça, un flashback ? Pas du tout ! C'est simplement votre mémoire qui fonctionne bien. Mais vos souvenirs ne sont pas agréables, c'est tout. »

La porte qui claque...

La véritable blessure de stress existe. Dans la définition de la psychologue, c'est une blessure qui se loge dans la mémoire et qui mène à une perte de maîtrise de la mémoire.

« L'exemple que je donne aux militaires est le suivant : s'il y a une porte qui claque, vous savez depuis votre enfance que c'est le bruit d'une porte qui claque. Comment se fait-il qu'à 24 ans, 35 ans ou 48 ans, tout à coup, vous ne reconnaissiez plus ce bruit ? Comment se fait-il que vous pensez tout à coup que c'est une bombe qui saute ? »

L'explication est simple : le bruit de cette porte est soudainement associé à des activités beaucoup plus intenses, celles d'un bombardement par exemple. Le souvenir de ce bombardement est tellement puissant qu'il vient court-circuiter la fonction de la mémoire qui associait auparavant ce bruit à celui d'une porte qui claque. La signification du son est déviée ailleurs, vers des activités qui prennent la place de l'interprétation habituelle du son entendu, celui d'une porte qui claque.

Comment éviter un tel phénomène ? Il faut traiter l'information au fur et à mesure, explique Christiane Routier. Elle ajoute que la raison pour laquelle cette information va déjouer la mémoire, c'est qu'elle n'est pas traitée au moment où l'incident critique survient. Or en mission, il est souvent impossible de le faire, parce que la survie des militaires est en jeu. Le cerveau « tasse » alors cette information qui va rester en désordre dans la mémoire.

« Si l'on ne prend pas le temps de ramasser tous les éléments, c'est-à-dire les faits retenus par l'hémisphère gauche et les émotions fortes générées alors par l'hémisphère droit, pour les mettre tous ensemble, ça va rester en désordre. Il n'y aura pas de circuits suffisamment forts entre les aspects de l'événement, pour les maintenir tous dans un souvenir global complet et cohérent. Ces parties "détachables" du contexte global où elles ont affecté votre fonctionnement psychique pourront être réactivées par n'importe quel événement subséquent, aussi banal soit-il ».

Le résultat d'une telle situation est que le jour où le militaire entend un son, voit une image ou assiste à une situation qui peut évoquer l'événement traumatisant, l'information qui n'a pas été traitée correctement par le cerveau va court-circuiter l'interprétation habituelle que l'on fait de la situation. « C'est là, que vous perdez la maîtrise de votre mémoire. C'est là que le flashback, plutôt qu'un souvenir, va s'imposer à vous », explique Mᵐᵉ Routhier.

Culpabilité : la voie royale vers le suicide

Comment éviter une telle perte de maîtrise de la mémoire ? En réagissant sans délai afin de partager l'information, ce qui permet à tout le monde d'avoir un souvenir le plus complet possible et, éventuellement, de mieux comprendre ce qui vient de se passer. La deuxième raison pour discuter ensemble de la situation, c'est de diminuer la culpabilité.

Photo : Pierre-André Normandin, *Le Soleil*.

« La culpabilité, c'est important, explique Christiane Routhier. C'est comme l'orgueil, c'est quelque chose qui nous permet d'avancer dans la vie. Si nous sommes incapables de nous sentir responsables de nos gaffes, nous n'apprenons pas. Le problème, c'est que, lorsque ça devient trop gros, ça risque de devenir la voie royale vers le suicide. »

La psychologue explique que si le militaire a fait un geste dont il se sent coupable, il doit avoir l'occasion d'en discuter rapidement avec ses collègues. Il y aura toujours quelqu'un dans le groupe pour dire qu'à sa place il aurait pris la même décision. « Bien sûr, une telle affirmation n'éliminera pas toute la culpabilité. Mais elle sera suffisante pour la diminuer un peu. Et quand on sait qu'une culpabilité importante peut conduire au suicide, une telle diminution de son intensité, si petite soit-elle, est très précieuse. Il est donc très important que cette culpabilité-là soit partagée par le groupe, que l'individu sente qu'il n'est pas tout seul. »

Elle pense notamment aux soldats qui ont vécu les horreurs de l'ex-Yougoslavie. Ce qui a été le plus dramatique dans cette mission, c'est le poids moral que les militaires ont dû porter, explique-t-elle. Ils n'avaient pas le droit d'intervenir devant les pires atrocités, sauf si leur vie était menacée. «Plusieurs sont revenus profondément bouleversés de cette situation contradictoire dans laquelle on les avait placés : armés jusqu'aux dents, prêts à intervenir et convaincus qu'ils pouvaient arrêter des massacres dont ils étaient les témoins, mais sans avoir l'autorisation de le faire.»

Retour du Rwanda

C'est en 2005 que les autorités de Valcartier ont lancé un programme pour aider les militaires avant leur déploiement et au retour de mission. L'initiative est venue du commandant de la 5e ambulance de campagne, le lieutenant-colonel Pierre Charpentier, qui avait connu les horreurs du Rwanda en même temps que le général Roméo Dallaire.

Préoccupé par la santé mentale des soldats au retour des missions, Pierre Charpentier a convoqué la psychologue Christiane Routhier et lui a demandé de mettre en place un programme de résilience pour les militaires. «J'ai accepté en me disant que le plus difficile ne serait pas de créer un programme, mais de parler de stress à des gens qui ne veulent pas en entendre parler», se rappelle-t-elle aujourd'hui.

Le travail des soldats peut les obliger à vivre des situations de danger extrême tous les jours. Ils peuvent être exposés à des situations traumatisantes. L'important, explique la psychologue Christiane Routhier, c'est d'en discuter le plus rapidement possible avec ses collègues. Si quelqu'un a fait un geste dont il se sent coupable, il trouvera du réconfort dans les propos de ses camarades. Photo : Pierre-André Normandin, *Le Soleil*.

L'initiative a reçu la bénédiction des hautes instances du secteur Québec de la force terrestre, Force opérationnelle interarmée (Est), alors sous le commandement du brigadier général Christian Barabé, puis de son successeur, le brigadier général Guy Laroche.

Le premier défi a été de lancer un programme pré-déploiement à temps pour le départ des 2 500 militaires de Valcartier pour l'Afghanistan, en 2007. «Ils étaient très heureux de cette initiative, raconte Christiane Routhier. C'était la première fois que quelqu'un était chargé de leur parler du stress associé à leur travail. Ils avaient la conviction qu'enfin quelqu'un s'occuperait d'eux sur ce plan-là.»

Le retour du contingent à Valcartier, à l'automne 2009, a donné lieu à une série de plus de 25 séances post-déploiement. L'expérience sera scrutée à la loupe afin d'en mesurer les résultats et de la répéter ailleurs au pays.

La psychologue raconte qu'au départ, les autorités militaires croyaient que les séances précédant les missions auraient pour effet de diminuer le nombre de consultations au retour de mission. Elle leur a prédit que ce serait le contraire et que l'on assisterait à une hausse fulgurante des demandes de consultations. Sauf qu'au lieu de prendre 2 ans pour régler les problèmes, cela ne prendrait que trois semaines. «C'est exactement ça qui se passe actuellement, et c'est ce qui est confirmé par les cliniciens.»

CHAPITRE 14

« C'est le monde qui s'écroule »

LES DOCTEURS SONYA JACQUES ET ÉDOUARD AUGER ont 255 « dossiers actifs ». Deux cent cinquante-cinq patients qui ont été ou qui sont sur le point d'être libérés des Forces canadiennes à cause des traumatismes liés à leurs missions. « Pour eux, c'est le monde qui s'écroule, explique Mme Jacques. C'est la perte de l'identité, c'est la perte d'une carrière, c'est la perte d'un paquet d'espoirs, c'est la perte de revenus, et c'est la perte de la solidarité, de ne plus retrouver cet esprit de collaboration et d'entraide qui existait dans les Forces. »

Son collègue Édouard Auger va plus loin : « Pour certains d'entre eux, c'est presque une honte de redevenir civils, c'est péjoratif. Souvent, ils sont militaires depuis l'âge de 17 ou 18 ans. Ils ont l'habitude d'être encadrés, pris en charge et, tout à coup, ils doivent prendre leurs propres décisions : "qu'est-ce que je veux faire de ma vie ? À quel endroit est-ce que je veux vivre ?" Ça fait 25 ans qu'ils ne se sont pas posé ces questions-là. »

Sonya Jacques est psychologue et coordonnatrice de la clinique de traitement des traumatismes liés au stress opérationnel (TSO) du Centre hospitalier universitaire de Québec. Édouard Auger est psychiatre et responsable médical de la clinique. Mise sur pied en 2004 lors d'un projet-pilote, cette clinique fait maintenant partie d'un réseau de dix établissements du genre au Canada.

Lorsqu'elle est arrivée à la clinique, en 2006, Mme Jacques avait très peu de patients. C'est en 2007 que la clientèle a commencé à grimper, composée principalement des anciens militaires qui avaient vécu les missions en Bosnie.

Quels services offrait-on à ces gens avant la mise en place de la clinique ? « Il n'y en avait pas, répond le docteur Auger. On les recevait dans les hôpitaux généraux. »

Des clients qui sortent de nulle part…

Les militaires qui sont libérés aujourd'hui des Forces armées sont informés de l'existence de cette clinique. Mais ce n'est pas le cas de leurs prédécesseurs. Sonya Jacques dit : « S'ils n'entendent pas parler de la clinique par leurs proches ou leur médecin, ils ne savent même pas qu'elle existe. Donc, on reçoit encore des clients de la Bosnie qui sortent de nulle part, qui n'ont jamais été traités, qui n'ont jamais été diagnostiqués et qui ne savent même pas qu'ils ont droit aux services de la clinique. »

Le docteur Édouard Auger est psychiatre à la clinique TSO du Centre hospitalier universitaire de Québec. Avec sa collègue Sonya Jacques, il a plus de 250 patients libérés des Forces armées à cause des traumatismes. Photo : Steve Deschênes, *Le Soleil*.

Psychologue et coordonnatrice de la clinique TSO, Sonya Jacques n'avait que très peu de patients à son arrivée en 2006. C'est en 2007 que sa clientèle a commencé à grimper, composée principalement d'anciens militaires qui avaient vécu la Bosnie. Elle commence à peine à recevoir ceux de l'Afghanistan. Photo : Érick Labbé, *Le Soleil*.

Les thérapies sont donc plus complexes, selon le docteur Auger : « Nous avons une clientèle très atteinte. On reçoit parfois des gens qui sont malades depuis très longtemps et qui ont souvent plusieurs problèmes. »

Autre constat des deux cliniciens : après les militaires qui ont fait la Bosnie, c'est la clientèle de l'Afghanistan qui commence à se manifester, une clientèle de plus en plus jeune. Auparavant, l'âge moyen de leurs patients se situait autour de 40 ans. La clinique commence maintenant à recevoir des patients dans la vingtaine.

« C'est comme si on leur arrachait le cœur »

Peu importe leur âge, la majorité de ces militaires seraient restés dans l'armée si la maladie n'avait pas forcé leur mise à la retraite prématurée. « Souvent, je les compare à des sportifs de haut niveau, des joueurs de hockey qui sont blessés et qui ne peuvent pas terminer une belle carrière », explique le docteur Auger. « C'est comme si on te retirait des séries éliminatoires avant la fin, ajoute sa collègue. Ils regardent leurs camarades partir en Afghanistan, et c'est comme si on leur arrachait le cœur. » Résultat de cette situation : plusieurs d'entre eux vont nier ou tenter de dissimuler leurs problèmes afin de ne pas être libérés des Forces armées.

Pire encore, la très grande majorité de ces patients ont des problèmes physiques en plus des blessures psychologiques. « On a surtout des gens qui ont été dans l'infanterie, explique le docteur Auger. Beaucoup de parachutistes. Ces gens-là étaient très actifs, très sportifs. Ils ont de la misère aujourd'hui à pelleter leur entrée. Ils ont les genoux et le dos de personnes de 75 ans, parce qu'ils se sont entraînés à courir 13 kilomètres avec un poids de 90 livres sur le dos. Alors ils sont usés. »

Les bons et les méchants…

Les deux spécialistes estiment que la situation de ces vétérans est bien pire que celle des policiers qui vivent également des situations dramatiques pouvant causer des traumatismes. Les policiers ne sont pas forcés de suivre des ordres qu'ils peuvent juger stupides, fait remarquer Sonya Jacques.

Dans l'armée, c'est une autre histoire. Le docteur Auger explique : « Dans l'armée, tu laisses une partie de ta liberté personnelle. Je ne pense pas que ces gars-là se rendent compte, quand ils signent leur contrat à 17 ans, qu'ils vont être obligés de suivre des ordres et que ça peut inclure des choses avec lesquelles ils ne sont pas d'accord moralement et avec lesquelles ils devront vivre plus tard. Ils entrent dans l'armée avec des images des bons et des méchants. Mais, quand ils arrivent là-bas, les bons ne sont pas si bons que ça et les méchants ne sont pas si méchants que ça. »

Ces constats amènent des questionnements sur le sens de leur mission. « Mais ce n'est pas entre eux

Malgré les dangers liés à leurs missions, la plupart des militaires ont hâte d'y retourner. Pour les blessés, retenus au pays, c'est le monde qui s'écroule. «Souvent, je les compare à des sportifs de haut niveau qui sont blessés et qui ne peuvent pas terminer une belle carrière», explique le docteur Édouard Auger, de la clinique de traitement des traumatismes liés au stress opérationnel. Photo: Pierre-André Normandin, *Le Soleil*.

qu'ils vont trouver des réponses parce qu'il ne faut surtout pas parler de ça, il ne faut pas remettre ça en question », dit le docteur Auger.

Une fois de retour au pays, les traumatismes peuvent se manifester de différentes façons. Certains militaires vont tout faire pour éviter ce qui peut ranimer les souvenirs douloureux. Ils vont fuir la vue de l'uniforme et faire même des détours de 20 kilomètres pour éviter le voisinage d'un établissement militaire. On a même vu un ancien militaire faire la sentinelle toute la nuit dans sa maison, vérifiant les portes, les fenêtres et s'assurant que les enfants soient en sécurité.

L'irritabilité, la colère, la rage au volant, l'intolérance à l'injustice sont autant de conséquences à ces blessures psychologiques. « Il y en a beaucoup qui sont judiciarisés parce qu'ils se sont mis involontairement dans le pétrin. D'autres vont tenter de se traiter eux-mêmes avec l'alcool ou la drogue » explique Mme Jacques.

Quel espoir peut-on offrir aux cas les plus lourds ? « C'est difficile, c'est long et ardu, répond le docteur Auger. Souvent on avance d'un pas et on recule de deux. Mais certains retrouvent des niveaux de fonctionnement intéressants. Il y en a qui retournent travailler, qui ont de meilleures vies conjugales et qui sont plus proches de leurs enfants. On réussit à faire qu'ils dorment mieux, qu'ils sortent davantage, qu'ils acceptent leur condition et qu'ils se pardonnent des choses. »

Lourdeurs administratives

S'il est un problème que les deux spécialistes déplorent, c'est la lourdeur de l'administration qui complique la vie de ces anciens militaires. « Même à nous, ça donne des maux de tête, explique Mme Jacques. C'est très compliqué et il y a souvent des mauvaises surprises quand ils sont aux prises avec des problèmes de pensions. »

Leur critique se confirme d'ailleurs dans les commentaires recueillis lors de la dernière tournée effectuée par l'ombudsman des Anciens Combattants, Patrick Stogran. Le sommaire de l'assemblée publique tenue à Valcartier le 9 février 2010 est révélateur. La centralisation des services administratifs à Charlottetown fait qu'on ne visite plus les clients, dont plusieurs sont analphabètes et ont besoin d'aide pour remplir les formulaires requis. Le système téléphonique est situé à Kirkland Lake. Les clients ne peuvent plus joindre les bureaux de district directement et ont de la difficulté à parler aux bons interlocuteurs lorsqu'ils ont besoin d'informations sur leur dossier.

« L'administration centrale des Anciens Combattants est inefficace, peut-on lire dans le résumé d'une intervention. Personne ne semble en mesure de répondre aux préoccupations des vétérans. On se transfère les appels les uns aux autres. Il est très difficile de parler à un agent de pension ou à un conseiller de secteur. Cela a pris cinq lettres pour faire approuver un remboursement de 2,41 $ »… Autre intervention de même nature : « Les gens doivent toujours se battre. Ils vont d'appel en appel. Cette situation est démoralisante et les gens se découragent. »

La plainte la plus généralisée des ex-militaires porte sur la décision gouvernementale de transformer les rentes d'invalidité en montant forfaitaire lors de l'adoption de la nouvelle charte des vétérans en 2005. « La durée du processus de règlement est si longue que le vétéran finit par s'endetter, a déclaré un retraité. Le montant forfaitaire est dépensé avant même que le vétéran ne le reçoive. »

Pendant la préparation de ce livre, j'ai été à même de constater les faiblesses de ce système. Déjà aux prises avec des problèmes psychologiques et des séquelles physiques graves, de nombreux militaires libérés sont incapables de gérer les sommes forfaitaires qu'on leur verse. Certains sont tentés par le jeu, d'autres vont dilapider cette somme dans l'alcool ou l'achat de véhicules moteurs.

Le ministre Jean-Pierre Blackburn a assisté à la rencontre de l'ombudsman Stogran avec une soixantaine d'anciens combattants, en février. Le sommaire de cette rencontre fait dire à M. Blackburn « qu'une charte peut être changée ».

Les critiques formulées lors de la visite de l'ombudsman à Valcartier se retrouvent dans les sommaires des autres assemblées de même nature tenues ailleurs. « Un vétéran a déclaré qu'il pensait que le

Canada traitait bien ses anciens combattants jusqu'à ce qu'il en devienne un lui-même et qu'il soit à même de constater ce que les gens devaient endurer», peut-on lire dans le sommaire de la rencontre du 5 janvier 2010 à Orléans en Ontario.

La déclaration résume assez bien l'ensemble des commentaires émis pendant cette rencontre.

Le ministre Jean-Pierre Blackburn a finalement annoncé une bonification de l'aide financière accordée aux blessés graves, mais il a refusé de renouveler le mandat de Pat Stogran. Une décision qui en a convaincu plusieurs que l'ombudsman dérangeait trop le gouvernement.

CHAPITRE 15

Le syndrome de stress post-traumatique

L A DOCUMENTATION OFFICIELLE du ministère des Anciens Combattants est très claire :

> Le SSPT est une réaction normale de l'être humain à des expériences intenses. Dans la majorité des cas, les symptômes s'estompent ou disparaissent au bout de quelques mois, surtout lorsque le sujet bénéficie du soutien de membres de sa famille et d'amis bienveillants. Dans les autres cas, malgré tout nombreux, les symptômes ne semblent pas se résorber rapidement. En fait, ils ont parfois des répercussions indésirables sur la vie de l'individu, jusqu'à la fin de ses jours.

La prison ou l'hôpital ?

Le lieutenant-colonel Rakesh Jetley est un spécialiste de la Défense nationale du Canada sur les blessures de guerre et la santé mentale. Il a été en poste au Rwanda et en Afghanistan. Il raconte à quel point la recherche a fait de grandes avancées pour comprendre le syndrome, mais il insiste sur la complexité de cette maladie. «Tout ce que l'on savait en 1980 aurait pu se résumer en une dizaine de pages. Mais, aujourd'hui, on n'aurait pas assez de 10 000 pages. Le problème, quand vous savez beaucoup de choses, c'est que chaque réponse mène à cinq questions. »

La guerre du Vietnam a été un élément déclencheur important pour la recherche. Selon Jetley, «après le Vietnam, les gens ont commencé à voir les difficultés vécues, au retour, par les militaires. Beaucoup d'entre eux étaient malades, sans foyer. Il fallait prendre une décision : ces gens étaient-ils de mauvaises personnes? Fallait-il les envoyer en prison ou les traiter comme des gens malades? Or dans un pays qui n'offrait pas l'universalité des soins de santé, il s'agissait d'un enjeu impliquant des milliards de dollars ».

Le docteur Jetley raconte qu'une fois le syndrome reconnu comme maladie par l'Association psychiatrique américaine, les experts ont consacré beaucoup d'efforts sur le facteur de risque encouru par les militaires. «Qui sera atteint? Comment peut-on le prédire? Mais ça n'a pas été très utile, parce que la plupart des gens reviennent de mission sans problème. »

Les symptômes

On a constaté trois manifestations principales du SSPT : les gens revivent leurs expériences doulou-

reuses, ils cherchent à éviter toute situation susceptible de leur rappeler ce qu'ils ont vécu ou encore
ils sont dans un état d'alerte constant.

Les premiers symptômes peuvent prendre la
forme de cauchemars et de flashbacks. « Chaque fois
que vous pensez à ce que vous avez vécu, vous
pouvez vous sentir malade. Alors comme cela vous
est tellement pénible, vous allez chercher à éviter
toute situation susceptible de vous rappeler le traumatisme. Dans certains cas, par exemple, vous ne
pouvez plus regarder la télévision, voir des films de
guerre ou voir le même genre de véhicule dans
lequel vous vous trouviez. À cause de cela, vous êtes
constamment sur un pied d'alerte. Vous êtes agité
et à l'affût de toute situation porteuse de vous rappeler votre traumatisme. »

Le docteur Jetley explique que cela n'arrive pas
qu'aux militaires. Tous les êtres humains peuvent
vivre des traumatismes. Une victime de viol subit
un choc similaire. Mais, dans le cas des militaires, on
a constaté que le traumatisme prend une forme très
différente pour ceux qui ont servi dans des missions
de maintien de la paix, comme en Bosnie.

« On voit beaucoup de colère et de frustrations
chez nos soldats, parce que les règles d'engagement
les placent dans des situations où ils sont incapables
d'intervenir, où il leur aurait fallu être armés. Vous
pouvez voir une femme être violée à 100 pieds de
vous, mais ce n'est pas votre job de la sauver, explique
le docteur Jetley. Vous vous sentez alors tellement

impuissant que cela produit beaucoup de culpabilité, beaucoup de colère. »

Dans le cas de l'Afghanistan, c'est différent: « Vous n'êtes pas impuissant. Vous avez le droit de vous battre. Mais vous avez le fardeau de voir des collègues mourir, ce qui provoque une autre forme de culpabilité, celle d'avoir survécu. »

Le docteur Jetley soutient que tous les pays de l'OTAN travaillent intensivement à instaurer des mesures de prévention. « Mais la meilleure idée en matière de prévention repose toujours dans un bon leadership. Des officiers qui connaissent leurs hommes et qui s'occupent d'eux. »

La préparation des missions est tout aussi importante. « Il faut leur donner un entraînement le plus réaliste possible, afin qu'ils ne soient pas surpris lorsqu'ils arrivent là-bas. Mais une des choses les plus encourageantes, de nos jours, c'est que de plus en plus de soldats viennent consulter maintenant. C'est un progrès énorme. »

Selon le médecin, une étude menée en 2002 a révélé que 7% des soldats couraient le risque de développer un stress post-traumatique pendant le reste de leur vie. Depuis cette recherche, le suivi auprès des militaires à leur retour de mission a montré que 6,2% d'entre eux montrent certains symptômes de ce stress dans un délai de trois à six mois.

Jetley a été en mission au Rwanda et en Afghanistan. Il explique que sa profession permet peut-être de comprendre pourquoi il n'a pas été traumatisé à la vue des cadavres, comme l'ont été d'autres militaires. «Mais chacun à sa vulnérabilité propre. Pour un soldat, ça peut être de voir des parties du corps humain, tandis que, pour moi, ça peut être d'être la cible de tirs ennemis. Je suis allé au Rwanda en 1994 et j'en suis revenu correct. Mais j'étais jeune et je n'avais pas d'enfants. Si je retournais maintenant sur un tel théâtre de guerre, ce serait peut-être différent.»

Le syndrome de stress post-traumatique a été étudié sous toutes ses facettes, psychologiques, biologiques et physiologiques. On en sait beaucoup plus, mais on ne sait toujours pas pourquoi certaines personnes sont affectées alors que d'autres ne le sont pas. Au cours des dernières années, la recherche s'est déplacée du côté des facteurs de résilience, afin de trouver des moyens de protéger nos soldats avant leurs missions.

Des cas multiples

Si la recherche sur les blessures de guerre n'a pas encore déterminé les raisons pour lesquelles certains sont touchés et d'autres pas, la multitude des cas relevés illustre bien ses principales manifestations. Le site Internet du réseau de soutien mis sur pied par la Défense nationale et les Anciens Combattants offre plusieurs exemples, qui vont de la zone de combat jusqu'à la simple exposition à la misère des victimes de la guerre. Les témoignages offerts viennent en partie d'anciens militaires qui se sont joints au réseau de soutien social, mais il s'agit de cas bien réels.

Johanne, Kosovo, 1999-2000

Technicienne en approvisionnement de la réserve, au sein d'un groupe de Valcartier, Johanne était chargée de la coordination des services sociaux et de santé offerts aux enfants déplacés ou orphelins des villages environnants. Elle s'est particulièrement attachée à une adolescente qui avait perdu sa famille et qui se présentait tous les jours à la barrière de la base pour lui offrir des fleurs. En mai 2001, lorsqu'elle a quitté sa base du Kosovo à bord d'un hélicoptère, elle a vu l'adolescente en larmes, du haut des airs, serrant un bouquet de fleurs dans ses mains. Elle n'a jamais pu se libérer de cette image. « Je me sentais coupable d'avoir abandonné tous ces enfants à un avenir incertain. J'étais en colère et je me sentais impuissante. »

Comme bien des militaires, elle a vécu les crises de panique, les cauchemars, l'apathie et l'agressivité qui caractérisent les victimes du stress opérationnel.

Rick, Rwanda, 1994

« Nous voyions surtout des enfants, car leurs parents avaient tous été massacrés. C'était déchirant. Je n'ai jamais vu autant de soldats canadiens pleurer en même temps. »

Lorsque Rick est revenu au pays, sa femme a remarqué que quelque chose n'allait pas. « Il ne semblait pas tout à fait le même. Il ne dormait guère et gardait toujours une vague colère, prête à faire surface. »

Mike, Croatie, 1993

Là encore, des scènes d'horreur. « Parmi les nombreux corps retrouvés sur la colline – des civils, pour la plupart, qui avaient été torturés, exécutés et mutilés », une scène a particulièrement marqué Mike, celle d'un jeune soldat, mutilé avant d'être exécuté, et qui tenait entre ses doigts, lorsqu'on l'a retrouvé, un collier en or avec deux petits cœurs… « Je revois cette image chaque fois que je le veux et, quand je ne veux pas la voir, elle me revient quand même », confie Mike.

Shawn, Bosnie, 1994

« Un jour, une jeune fille a été tuée dans l'autobus et je ne pouvais rien y faire, car ce n'était pas mon travail, se souvient-il encore, bouleversé. J'étais là uniquement pour protéger les troupes des Nations unies… »

De retour au pays, Shawn a sombré dans l'univers du traumatisme. Il raconte qu'il ne comprenait pas ce qui lui arrivait lorsque les symptômes comme les cauchemars et l'insomnie ont commencé à se manifester. « J'ai tenté de mettre fin à mon secret… » Une surdose l'a amené à l'hôpital. Il lui a fallu des années pour comprendre et s'engager dans le long processus de la guérison.

Vince, Croatie, 1993

« Lorsque le peloton de Vince a tenté d'avancer, les Croates ont refusé de les laisser passer. À la place, les Canadiens ont passé les jours suivants à observer les Croates effectuer un nettoyage ethnique dans les villages avoisinants, massacrer le bétail et brûler les maisons après les avoir fait exploser. »

Lorsqu'il est revenu au pays, son univers a chaviré. Avant d'aller dans les Balkans, Vince et bon nombre des 18 membres des Seaforth se réunissaient une ou deux fois par semaine pour boire quelques bières. Après, ils se sont réunis plusieurs soirs par semaine… « On s'est saoulé la gueule presque chaque soir. »

JC, Chypre, Croatie, Haïti, Timor-Oriental. Retraité depuis 2003

« J'ai perdu tout ce que j'avais de plus précieux, épouse, carrière, mes rêves et ma dignité. Lorsque je faisais partie des Forces, j'avais quelque chose à quoi m'accrocher, ma famille, mon unité, mon drapeau, etc. Aujourd'hui, je suis comme bien d'autres militaires laissés à eux-mêmes, plus rien à quoi m'accrocher. Je ne sais pas où mon état de santé va me mener mais jamais je ne lâcherai. Je crois qu'il faut s'accrocher à quelque chose dans la vie et, pour chaque personne, c'est différent. Moi j'ai choisi mon garçon qui a maintenant 13 ans, il est ma famille, mon drapeau et ma dignité. »

CHAPITRE 16

L'ampleur du problème

HUIT ANS APRÈS LE PREMIER RAPPORT de l'ombudsman des Forces armées sur les traumatismes liés au stress opérationnel, les autorités militaires n'ont toujours pas répondu à l'une de ses principales recommandations, soit la création d'une base de données sur ce problème.

«Je ne comprends pas pourquoi nous sommes encore en train de débattre de cette question», déplore l'actuel ombudsman, Pierre Daigle, qui en fait encore sa priorité en 2010, dans le troisième suivi au rapport de 2002. «Il est important d'avoir une base de données pour cerner l'ampleur du problème. C'est la meilleure façon de déterminer les solutions dont on a besoin. Les Forces n'ont pas encore établi cette base de données. Et tant qu'on ne sait pas à quoi on fait face, tant qu'on n'a pas repéré ceux qui sont blessés par ces traumatismes et qu'on ne s'en occupe pas, c'est évident que ça peut mener des gens au suicide.»

Le bureau de l'ombudsman s'intéresse à cette question depuis longtemps. Son premier rapport, en 2002, a été très critique du peu de services mis à la disposition des militaires. Son rapport de 2008 a constaté que 18 des 32 recommandations de 2002 n'avaient pas été pleinement mises en application. Il y déplorait notamment que «la stigmatisation des militaires atteints du syndrome de stress post-traumatique ou d'autres traumatismes liés au stress opérationnel demeure un réel problème dans un certain nombre d'établissements militaires d'un bout à l'autre du pays[9]».

Pourtant, les autorités militaires reconnaissent qu'il y a un problème. Lors de sa comparution devant le Comité permanent des comptes publics, en janvier 2008, le brigadier-général H. F. Jaeger, chef des services de santé des Forces, en a donné un aperçu. «Les données que nous avons recueillies jusqu'à présent, au cours des suivis de quatre à six mois, révèlent qu'environ 27 % des gens reviennent [de l'Afghanistan] avec certaines difficultés. Parmi ceux-ci, environ 16 % ont une consommation d'alcool à risque. [...] Un nombre important de personnes éprouvent des problèmes plus graves de santé mentale, comme la dépression et le syndrome de stress post-traumatique[10].»

---

9. *Rapport spécial au ministre de la Défense nationale*, décembre 2008, p. 3.
10. Rapport 2008 du Comité permanent des comptes publics.

L'ombudsman des Forces armées, Pierre Daigle, estime que la multiplication des missions à l'étranger fait peser un stress énorme sur les militaires. «Les Forces sont au bord de l'épuisement et c'est à tous les niveaux, autant chez les troupes qui sont déployées que chez ceux qui les aident et qui les soignent.» Selon lui, cette fatigue accroît les facteurs de risque : «Les soldats sont déjà fatigués lorsqu'ils sont déployés. Quand vous arrivez en opération et que la tension est énorme, que le risque de mourir est présent constamment et que vous êtes déjà fatigué, vous êtes peut-être plus vulnérable aux traumatismes.»

Un problème pour les générations à venir

L'effort demandé aux membres des Forces armées était connu dès le début de l'intervention canadienne en Afghanistan. «Il est devenu évident que les Forces canadiennes et leur personnel sont au bord de l'épuisement», écrivait l'ombudsman, Mary McFadyen, dans son rapport de 2002[11].

Son constat était tout aussi alarmant pour les familles : «Les membres de la famille d'un militaire qui a développé une maladie mentale pendant une mission sont aux prises eux aussi avec divers problèmes [...]. Ils peuvent développer eux-mêmes des

---

11. Rapport 2002 de l'ombudsman des Forces armées canadiennes.

maladies mentales liées au stress. Ou encore la dynamique familiale peut-être déréglée.»

Selon Mme McFadyen, l'ampleur de nos déploiements en Afghanistan fait que les traumatismes des militaires deviendront un problème encore plus grand dans les années à venir. «À bien des égards, ce sera un défi générationnel pour le ministère, les Forces canadiennes et le gouvernement du Canada dans son ensemble», concluait-elle.

Les conséquences de cette fatigue des militaires sont assez bien documentées, mais il est difficile de s'y retrouver à cause de l'absence de statistiques fiables et parce qu'elles touchent différentes clientèles.

À l'été 2007, un reportage de la *presse canadienne* a soutenu que 28 % des 1 300 militaires ayant servi en Afghanistan depuis 2005 avaient des symptômes liés à au moins un type de santé mentale.

Au début de 2008, le ministre des Anciens Combattants, Greg Thompson, a fait savoir que le nombre d'anciens soldats souffrant du syndrome de stress post-traumatique avait plus que triplé depuis le début de la mission en Afghanistan. Selon lui, 63 % des 10 252 vétérans qui ont quitté l'armée canadienne et qui souffrent de problèmes psychiatriques sont atteints du syndrome. Le ministre avait alors déclaré que plusieurs soldats «souffrent en silence» à cause d'une pénurie de psychiatres et de personnel formé pour traiter les maladies mentales à l'intérieur de l'armée.

En juillet 2009, le Conseil de recherches en sciences humaines du Canada a octroyé une bourse à un historien de Calgary, Mark Humphries, pour étudier les archives de la Première Guerre mondiale et comprendre les problèmes persistants liés au trouble de stress post-traumatique. Selon ce chercheur, entre 15 % et 30 % des soldats souffriront de maladies telles que le stress, l'anxiété ou la dépression au cours des années à venir.

À l'instar de ses prédécesseurs, l'ombudsman Pierre Daigle estime également que les blessures de guerre de nos militaires auront des répercussions pour les générations à venir. La hausse des ressources de fournisseurs de soins pour ces gens constitue l'une des trois priorités de son suivi de 2010 au rapport de 2008.

Le Canada fait-il suffisamment d'efforts pour venir en aide à ses soldats blessés ou traumatisés ? De grands efforts ont été consacrés à l'accroissement des services sociaux et de santé aux militaires au cours de la dernière décennie, mais la qualité est inégale au pays et de nombreuses lacunes demeurent. Le défi est d'autant plus grand que le nombre de militaires qui ont servi en Bosnie et en Afghanistan au cours des deux dernières décennies est le plus élevé, depuis la Deuxième Guerre mondiale.

Ancien militaire et ministre de la Défense nationale sous Pierre Elliott Trudeau, Gilles Lamontagne s'interroge sur le sens de nos guerres contemporaines. Pourquoi l'Irak ? Pourquoi l'Afghanistan ? Photo : Érick Labbé, *Le Soleil*.

CHAPITRE 17

Réflexions après lecture

« Pourquoi l'Irak ? Pourquoi l'Afghanistan ? »

J'AI LU AVEC BEAUCOUP D'ATTENTION et d'intérêt le livre de Gilbert Lavoie sur les blessures de guerre, avant sa publication. Captivant, instructif et révélateur.

Au retour de la guerre, en 1946-1947, j'ai dû vivre les affres de ce que l'on appelle aujourd'hui le syndrome de stress post-traumatique. Je n'étais plus moi-même, et au début je ne parvenais pas à maîtriser ces désordres mentaux. Mais, avec le temps et une bonne discipline, j'y suis parvenu.

Aujourd'hui, ils sont nombreux, ces combattants, à revenir de missions en zones de guerre. Des missions dont la justification est encore à clarifier.

Très humblement, j'ose poser la question aux décideurs et aux dirigeants dont les gestes ont des conséquences sur la vie de millions d'êtres humains.

Pourquoi le Vietnam ? On les a massacrés de façon odieuse et nous en sommes sortis honteux, la tête basse. Les Vietnamiens ont reconstruit leur pays. Ils semblent heureux et sont devenus nos amis.

Pourquoi l'Irak? Après plusieurs inspections menées par les experts des Nations unies, on nous avait informés qu'il n'y avait pas d'armes de destruction massive dans ce pays. On n'en a jamais trouvé par la suite.

Pourquoi l'Afghanistan? Ils ne veulent pas de nous et les dernières déclarations du président Hamid Karzai démontrent bien l'esprit dans lequel ils nous subissent.

On me répondra que c'est à cause du terrorisme. J'accepte l'argument, mais j'ose poser une autre question. Est-ce que l'intelligence, le jugement et l'expertise mis à la disposition de nos dirigeants et de nos décideurs ne pourraient pas trouver d'autres moyens de combattre le terrorisme sans sacrifier des milliers de vies, sans compromettre la santé de notre jeunesse et bouleverser leurs familles? Est-il possible d'avoir une réponse crédible à ces questions?

Avec mon expérience de vie de 91 ans, je m'efforce de comprendre notre monde, mais je n'y parviens pas toujours.

Je pense à tous ces hommes, femmes et enfants, touchés par nos missions en zones de guerre et j'ai mal pour eux.

À tous, je souhaite que vous retrouviez le plus rapidement possible votre confiance, votre santé et votre dignité.

GILLES LAMONTAGNE
Août 2010

Table des matières

CE SECOND TIRAGE EST COMPOSÉ EN DANTE CORPS 12,5
SELON UNE MAQUETTE RÉALISÉE PAR PIERRE-LOUIS CAUCHON
ET ACHEVÉ D'IMPRIMER EN OCTOBRE 2010
SUR LES PRESSES DE L'IMPRIMERIE MARQUIS
À CAP-SAINT-IGNACE
POUR LE COMPTE DE GILLES HERMAN
ÉDITEUR À L'ENSEIGNE DU SEPTENTRION